PETITE
GÉOGRAPHIE

GÉNÉRALE

ET

COSMOGRAPHIE

Contenant le Texte des Atlas de Géographi

PAR

C.-A. CHARDON.

Ouvrage approuvé par la Société des Instituteurs et des Institutrices de Paris

PARIS

HACHETTE, libraire de l'Université, rue Pierre-Sarrazin, 14.
DELALAIN, libr., rue des Mathurins-St-Jacques, 5.
L. COLAS, libr., rue Dauphine, 26.
DEZOBRY-MAGDELEINE, libraires, rue du Cloître-St-Benoît, 10.
MAIRE-NYON, libr., quai Conti, 13.
PÉRISSE, libr., rue Saint-Sulpice, 38. et à Lyon.
Chez l'AUTEUR, rue Neuve-d'Orléans, 54, à Montrouge (Paris).
Et chez les Libraires classiques de Paris et des Départements.

1858.

AVERTISSEMENT.

—

La géographie devient de plus en plus utile, et son étude indispensable à l'industriel, au commerçant comme à l'homme du monde; elle aide à comprendre l'histoire et les faits contemporains.

Aujourd'hui, grâce au progrès, les voyages deviennent faciles, la civilisation renverse les barrières qui séparent les peuples, la vapeur fait disparaître les distances, et les livres transportent l'homme partout, à travers le temps et l'espace; chaque jour les journaux racontent les mille événements qui se passent dans toutes les parties du monde; comment alors ignorer la position, l'étendue des contrées visitées par les voyageurs ou parcourues par la pensée des lecteurs?

L'étude de la géographie n'est ni aussi longue, ni aussi difficile que semblent le faire croire les volumineux traités spéciaux; ouvrages excellents à consulter pour des renseignements, mais dans lesquels l'élève se perd au milieu de détails infinis qui l'empêchent de distinguer l'accessoire de l'essentiel et le rebutent d'une étude pleine d'intérêt.

Pour comprendre la géographie comme pour l'étudier avec fruit, un texte et des cartes sont indispensables. Le texte pour guider l'élève et lui donner les définitions, les nomenclatures des accidents géographiques et les divisions naturelles et politiques des contrées. Les cartes pour lui représenter les pays et les montrer aux yeux avec leur position, leur étendue et la configuration des terres et des mers.

Si de la terre nous nous transportons dans l'univers pour étudier les astres, pour connaître leurs mouvements, leurs lois, la cause des phénomènes célestes dont chaque jour nous sommes témoins, la Cosmographie nous dévoilera ses merveilleux secrets. Pourtant combien de personnes ignorent la cause de la diversité des jours et des nuits, des saisons, des éclipses, etc.! et cela, parce que, dans les ouvrages élémentaires, on a voulu trop expliquer cette science, au lieu de ne présenter que les phénomènes célestes les plus importants.

Nous nous sommes appliqué, comme dans nos précédents ouvrages, à être clair, concis, méthodique; notre but étant de faciliter à tous l'étude sommaire de la Géographie et de la Cosmographie.

Enseignement. Le maître fera apprendre chaque jour quelques paragraphes du texte, et questionnera les élèves sur ce qu'ils auront appris et sur ce qu'ils ont déjà étudié. Il leur fera tracer des cartes, d'abord très-simples, avec les méridiens et les parallèles droits, et seulement la configuration des côtes, le cours des fleuves, puis les montagnes; et successivement la position des villes, les divisions politiques et les autres accidents géographiques, en exigeant graduellement de l'exactitude et du fini dans le tracé. Les cartes pourront servir de transparents.

Tracé des Cartes. Il faut tracer d'abord le cadre, les méridiens et les parallèles; puis indiquer très-légèrement les contours au crayon en les traçant dans les mêmes carrés et sur les mêmes lignes que le modèle; les rectifier, puis les mettre à l'encre. *Pour grandir ou réduire une Carte,* il faut augmenter ou diminuer la longueur des côtés du cadre, mais leur donner le même nombre de parallèles et de méridiens.

Coloris. Pour colorier les cartes, les couleurs nécessaires sont : le *carmin,* la *gomme-gutte,* le *bleu de Prusse.*

le *vermillon* et la *terre de Sienne*. Chaque couleur se délaye en frottant légèrement la tablette dans un godet avec un peu d'eau ; on étend les couleurs avec deux pinceaux emmanchés à la même hampe. Les cartes qu'on veut colorier doivent être tracées avec l'encre de Chine, parce qu'elle ne déteint pas en appliquant les couleurs.

Abréviations. Anc. signifie ancienne ; C., cap ; c. ou cap., capitale ; D., détroit ; E., est ; Fl., fleuve ; G., golfe ; h., habitant ; I., île ; kil. car., kilomètres carrés ; L., lac ; N., nord ; O., ouest ; p., port ; R., rivière ; S., sud ; v. c., ville commerçante ; v. m., ville manufacturière ; v. ind., ville industrielle ; v. pr., villes principales.

TABLE QUESTIONNAIRE.

(Les chiffres indiquent les numéros des paragraphes.)

Terre, 1. Qu'est-ce que la géographie? 2. Quelle est la forme de la terre? 3. Quels sont ses mouvements? 4. Divisions, 5. Qu'est-ce qu'un continent? 6, 7. Ile, Ilot, 8. Insulaire, 9. Archipel, 10. Presqu'île, 11. Isthme, 12. Cap, 13. Montagne. 14. Chaîne de montagnes, 15. Mont, 16. Volcan, 17. Colline, 18. Vallée, 19. Gorge, 20. Plaine, 21. Plateau, 22. Désert, 23. Oasis, 24. Côte, 25. Falaises, 26. Dunes, 27. Grèves, 28.

Eaux. Qu'est-ce que les Eaux marines ? 29. Océan, 30. Mer, 31. Golfe, 32. Baie ou rade, 33. Port, 34. Détroit, 35. Marée, flux, reflux, 36. Vagues, 37.

Eaux douces, 38. Qu'est-ce qu'un Ruisseau? 39. Torrent, 40. Rivière, 41. Fleuve, 42. Affluents, 43. Confluent, 44. Source, 45. Embouchure, 46. Rives, 47. Lit, 48. Bords, 49. Canal, 50. Bassin, 51. Ligne de partage, 52. Chute ou cataracte, 53. Lac, 54. Marais, 55. Eau minérale, 56. Eau thermale, 57.

Atmosphère. Vapeur, 58. Brouillard, 59. Atmosphère, 60. Vent, 61. Eclair, 62. Tonnerre, 63.

GÉOGRAPHIE

Terre.

1. La *Géographie* est la description de la surface de la terre.

2. La *terre* est ronde, elle a la forme d'une boule ou globe immense, un peu aplati vers les pôles. Sa circonférence est de quarante millions de mètres.

3. La surface du globe terrestre se compose de terre et d'eau; l'eau occupe les deux tiers de la surface de la terre.

4. La terre a deux mouvements : l'un de *rotation* sur elle-même, qui produit le jour et la nuit; l'autre de *révolution* autour du soleil, en un an, qui produit les saisons.

5. La terre se divise en cinq parties qui sont : l'Europe, l'Asie, l'Afrique, l'Amérique, et l'Océanie.

6. Un *continent* est une très-grande étendue de terre entourée par la mer.

7. Il y a deux continents : l'ancien qui renferme l'Europe, l'Asie et l'Afrique, et le *nouveau* qui forme l'Amérique.

8. Une *île* est un espace de terre entouré d'eau de tous côtés; un *îlot* est une très-petite île.

9. On nomme *insulaires* les habitants d'une île.

10. Un groupe d'îles se nomme *archipel*.

11. Une *presqu'île* est une étendue de terre presque entourée d'eau, et qui tient au continent par un seul côté.

12. Un *isthme* est une langue de terre très-étroite, resserrée entre deux mers.

13. Un *cap* est une pointe de terre qui s'avance dans la mer.

14. Une *montagne* est une masse de terre élevée au-dessus des plaines.

15. Une *chaîne de montagnes* est la réunion d'un grand nombre de montagnes.

16. Un *mont* est une montagne isolée, très-élevée, qui a souvent sa base sur une autre montagne.

17. Un *volcan* est une montagne qui vomit des flammes et des matières embrasées appelées *laves*, par une ouverture nommée *cratère*.

18. Une *colline* est une petite montagne qui s'élève en pente douce au-dessus d'une plaine.

19. Une *vallée* est un espace entre deux ou plusieurs montagnes ; un *vallon* est une petite vallée étroite.

20. Une *gorge* est un passage étroit entre deux montagnes.

21. Une *plaine* est une étendue de pays unie et plate.

22. Un *plateau* est une plaine élevée, ou le sommet d'une montagne quand il est aplati.

23. Un *désert* est une immense plaine stérile et inhabitée, qui se nomme *steppe* en Asie, et *savane* en Amérique.

24. Une *oasis* est un bas-fonds au milieu des déserts, arrosé par des sources et couvert de végétation.

25. On appelle *côte* le contour des continents et des îles, ou le rivage baigné par la mer.

26. On nomme *falaises* des terres ou des rochers escarpés le long de la mer.

27. Les *dunes* sont des collines de sable qui s'étendent le long des bords de la mer.

28. Les *grèves* ou *plages* sont des lieux plats et unis couverts de sable ou de gravier, le long de la mer ou d'un fleuve.

Eaux. — Eaux marines.

29. Les *eaux marines* sont cette immense quantité d'eau salée qui couvre les deux tiers du globe ; elles se divisent en océans, en mers intérieures et en golfes.

30. Un *océan* est une vaste étendue d'eau salée qui

entoure les continents ; il y a cinq océans : l'océan Atlantique, le grand Océan, l'océan Indien, l'océan Glacial du Nord et l'océan Glacial du Sud.

31. Une *mer* est une portion d'océan qui pénètre dans les terres.

32. Un *golfe* est une portion de mer qui s'avance dans les terres.

33. Une *baie* ou *rade* est un petit golfe où les vaisseaux se trouvent à l'abri des vents.

34. Un *port* est une petite baie qui se trouve disposée, soit naturellement, soit à l'aide du travail des hommes, pour donner un abri sûr aux vaisseaux et ou l'on peut charger et décharger les bâtiments.

35. Un *détroit* est une portion de mer resserrée entre deux terres et qui fait ordinairement communiquer deux mers.

36. On appelle *marée* le mouvement alternatif d'élévation et d'abaissement des eaux de la mer, qui a lieu deux fois par jour ; quand la mer s'élève, on l'appelle le *flux ;* quand elle s'abaisse, le *reflux.* Le moment de la plus grande élévation s'appelle *haute mer ;* celui du plus grand abaissement, *basse mer.*

37. Les *vagues* ou lames sont des élévations d'eau produites par les vents sur la surface de la mer.

Eaux douces ou continentales.

38. Les *eaux douces ou continentales* sont celles qui coulent sur la surface de la terre en ruisseaux, en rivières ou en fleuves et qui s'étendent en lacs ou en marais

39. Un *ruisseau* est un petit cours d'eau formé par des sources.

40. Un *torrent* est un cours d'eau rapide produit par les pluies et qui ne dure que peu de temps.

41. Une *rivière* est un cours d'eau flottable, formé par la réunion de plusieurs ruisseaux.

42. Un *fleuve* est un grand cours d'eau navigable,

qui se jette dans la mer; il est formé par la réunion de plusieurs rivières.

43. On appelle *affluents* d'un fleuve toutes les rivières qui se jettent dans ce fleuve.

44. Un *confluent* est l'endroit où deux cours d'eau se réunissent.

45. La *source* d'un fleuve ou d'une rivière est l'endroit où ils commencent.

46. L'*embouchure* d'un fleuve est l'endroit où il se jette dans la mer; quand un fleuve a plusieurs embouchures elles se nomment *bouches*.

47. La *rive droite et la rive gauche* d'un fleuve ou d'une rivière sont la rive qui se trouve du côté droit et celle qui se trouve du côté gauche d'une personne qui suit le cours de l'eau.

48. Le *lit* d'un cours d'eau est la place où il coule; le *fil d'eau* est l'endroit où le courant est le plus rapide.

49. Les *bords* d'un fleuve ou d'une rivière se nomment *rives* quand ils sont peu élevés, et *berges* quand ils sont élevés et que le cours d'eau est encaissé.

50. Un *canal* est un cours d'eau artificiel creusé de main d'homme, pour faire communiquer un fleuve à un autre ou à une rivière, ou une rivière à la mer.

51. On appelle *bassin d'un fleuve* tous les pays arrosés par ce fleuve ou par ses affluents. On nomme *bassin secondaire* celui d'une rivière ou d'un affluent.

52. On appelle *ligne de partage des eaux* une suite de montagnes, de collines ou de coteaux qui établissent la séparation des bassins et des cours d'eau.

53. Une *chute* ou *cataracte* est un fleuve ou une rivière qui tombe brusquement d'un endroit élevé. La chute d'un ruisseau se nomme *cascade*.

54. Un *lac* est une étendue d'eau entourée de terre de tous côtés. Un *étang* est un petit lac.

55. Un *marais* est un lieu rempli de plantes aqua-

tiques et couvert d'une eau stagnante qui croupit et se dessèche en été.

56. Une *eau minérale* est celle qui est chargée de substances minérales, telles que soufre, bitume, fer, etc.

57. Une *eau thermale* est celle qui, en sortant de la terre, est chaude.

Atmosphère, Vapeurs, Vent, Tonnerre.

58. La chaleur du soleil réduit en *vapeurs* l'eau des mers et des cours d'eau; ces vapeurs, par leur légèreté, s'élèvent dans l'air où elles se réunissent et forment les *nuages*; les nuages, en se refroidissant, retombent en *pluie*, en *neige* ou en *grêle* sur la terre pour former les sources, les ruisseaux, les rivières et les fleuves qui alimentent les mers.

59. Un *brouillard* est un nuage qui est à la surface de la terre.

60. L'*atmosphère* est la masse d'air qui entoure la terre; elle a environ 10 myriamètres de hauteur; l'air est 770 fois plus léger que l'eau.

61. Le *vent* est l'air en mouvement; le vent modéré parcourt environ 4 mètres par seconde; le vent fort 8 mètres, le vent de tempête 15 mètres, le vent d'ouragan 40 mètres. Alors il renverse tout, arbres, maisons. Les vents prennent les noms de la rose des vents, d'après la direction d'où ils soufflent.

62. Les nuages poussés par des vents contraires se heurtent; leur choc produit une explosion électrique accompagnée d'une lueur vive et soudaine nommée *éclair*, et d'un bruit éclatant qu'on appelle le *tonnerre*.

63. Le *bruit du tonnerre* n'étant que du bruit ne peut faire aucun mal; mais les éclairs, étant des décharges électriques, peuvent quelquefois foudroyer, quand elles ont lieu des nuages à la terre. Les *paratonnerres* préservent de tout danger; *quand on voit l'éclair ou qu'on entend le tonnerre, tout danger est passé.*

Races, Nations, Gouvernement, Religions, Productions.

64. Races humaines. La population de la terre est d'environ 869 millions d'habitants qui appartiennent à trois races principales : la race *blanche* en Europe, la race *jaune* en Asie et la race *noire* en Afrique.

65. Les hommes forment des *nations ;* on entend par nation tous les habitants d'un pays qui parlent la même langue et sont soumis aux mêmes lois.

66. La géographie divise chaque partie du monde en contrées qui se subdivisent en provinces qui renferment des villes et des villages.

67. Une *contrée* est une grande étendue de pays occupée par la même nation.

68. Une *province* est une étendue de pays qui fait partie d'une contrée.

69. Une *ville* est la réunion d'un grand nombre de maisons disposées par rues et ordinairement entourées d'une clôture commune, fossés ou murs.

70. Un *village* est un groupe de maisons de paysans. Un *hameau* est un petit groupe de maisons faisant partie d'un village.

71. On appelle *gouvernement* l'autorité souveraine à laquelle une nation obéit. Il est monarchique ou républicain.

72. Le gouvernement est *monarchique* quand l'autorité est héréditaire et entre les mains d'un seul homme, monarque, roi ou empereur ; la *monarchie est absolue* quand le souverain exerce une puissance illimitée et sans contrôle ; la monarchie est *constitutionnelle* lorsque le souverain est soumis à une constitution, et que le peuple nomme des représentants chargés de voter les lois et les impôts.

73. Le gouvernement est *républicain* quand le peuple nomme lui-même ses magistrats et ne leur confère le pouvoir que pour un temps limité.

74. La *capitale* d'une contrée est la ville ou réside le gouvernement ; c'est ordinairement la plus grande et la plus peuplée du pays.

75. RELIGIONS. La *religion* est le culte qu'on rend à la divinité. Il y a cinq religions principales : 1° la *religion chrétienne*, professée par le tiers des hommes ; elle se divise en trois branches, les *catholiques*, les *grecs*, les *protestants* ; 2° la *religion juive*, professée par les juifs ; 3° la *religion mahométane*, fondée par Mahomet, en 620 ; 4° la *religion de Brama* en Asie ; 5° la *religion de Bouddha* également en Asie; ces deux dernières sont très-anciennes ; et enfin, le *fétichisme* ou *idolâtrie*.

76. PRODUCTIONS. Les *productions* de la terre se divisent en trois classes appelées règnes : 1° les *minéraux* qui sont renfermés dans son sein, comme les pierres, le fer, le plomb, le cuivre, l'argent, l'or ; 2° les *végétaux* qui croissent à la surface, comme les plantes et les arbres ; 3° les *animaux*, comme les quadrupèdes, les oiseaux, les insectes et les poissons.

MAPPEMONDE.

77. Pour représenter la terre et ses diverses parties, on se sert de sphères, de mappemondes ou de cartes.

78. Une *sphère* est un globe ou boule en bois, ou en carton, sur laquelle on a représenté, dans des proportions exactes, les différentes parties de la terre.

79. Une *mappemonde* représente la terre dessinée sur le papier ; elle montre la terre divisée en deux hémisphères, parce qu'il est impossible de représenter autrement un corps sphérique sur une surface plane.

80. Les *cartes géographiques* sont des dessins qui représentent des parties de la terre avec leurs accidents géographiques.

81. On appelle *points cardinaux* quatre points qu'on a imaginés pour déterminer la position relative des différentes parties de la terre ; ce sont l'est, l'ouest, le sud et le nord.

82. L'*est*, appelé aussi *orient* ou *levant*, est le point où le soleil semble se lever ; l'*ouest*, appelé aussi *occident* ou *couchant*, est le point où le soleil semble se coucher ; le *sud* ou *midi* est le point où le soleil se trouve à midi ; le *nord* ou *septentrion* est le point opposé au sud.

83. Sur les cartes le nord se place en haut, le sud en bas, l'est à droite et l'ouest à gauche.

84. Pour déterminer la position absolue de chaque partie de la terre, on a imaginé diverses *lignes* ou *cercles* qui en se coupant indiquent rigoureusement la position de chaque lieu ; ce sont les méridiens et les parallèles, l'équateur, les tropiques et les cercles polaires. Ces derniers limitent les zones.

85. Chaque cercle se divise en 360 *degrés* °, chaque degré en 60 minutes ′ et chaque minute en 60 secondes ″.

86. La terre tourne sur un *axe* dont les deux extrémités se nomment *pôles ;* l'un est le pôle nord, l'autre est le pôle sud.

87. L'*équateur* est un grand cercle, à égale distance des pôles, qui partage la terre en deux parties égales ; l'une appelée *hémisphère septentrional*, et l'autre *hémisphère méridional.*

88. Le *méridien* est un cercle qui passe par les pôles et coupe l'équateur ; il partage la terre en deux parties égales : l'une nommée hémisphère oriental, l'autre hémisphère occidental. Le premier méridien passe à Paris.

89. La *latitude* d'un lieu est la distance de ce lieu à l'équateur ; la latitude est *septentrionale* si on la compte de l'équateur au pôle nord ; la latitude est *méridionale* si on la compte de l'équateur au pôle sud.

90. La *longitude* d'un lieu est la distance de ce lieu au premier méridien. La longitude est *orientale* pour les degrés à l'orient, et *occidentale* pour les degrés à l'occident de ce même méridien.

Accidents géographiques.

91. Mers. Les 2 principales mers de la terre sont : la mer *Méditerranée* et la mer des *Antilles.*

92. Golfes. Les principaux golfes de la terre sont : celui du *Mexique*, en Amérique, et le golfe *Persique*, en Asie.

93. Iles. Les grandes iles sont : en Europe, les *Iles Britanniques*; en Asie, le *Japon* et *Formose ;* en Afrique, *Madagascar ;* en Amérique, les Grandes Antilles, *Cuba* et *Haïti ;* en Océanie, l'*Australie*, *Bornéo*, *Java* et *Sumatra.*

94. Presqu'îles. Les deux grandes presqu'îles sont l'*Espagne*, en Europe, et l'*Arabie*, en Asie.

95. Isthmes. Les deux principaux isthmes de la terre sont : l'*isthme de Suez*, qui joint l'Asie à l'Afrique, et l'*isthme de Panama*, qui joint l'Amérique septentrionale à l'Amérique méridionale.

96. Détroits. Les principaux détroits sont : celui de *Gibraltar*, qui sépare l'Europe de l'Afrique, et le détroit de *Béhring*, qui sépare l'Asie de l'Amérique.

97. Caps. Les deux principaux caps sont : le cap de *Bonne-Espérance*, au sud de l'Afrique, et le cap *Horn*, au sud de l'Amérique.

98. Montagnes. Les grandes chaines de montagnes sont : les monts *Caucase* et *Ourals*, entre l'Europe et l'Asie ; les monts *Himalaya*, au centre de l'Asie : les monts *Atlas*, en Afrique ; les monts *Rocheux* et les *Cordillères*, en Amérique.

99. Fleuves. Les principaux fleuves sont : la *Seine* et le *Volga*, en Europe ; le *Gange* et l'*Indus*, en Asie ; le *Nil*, en Égypte ; le *Mississipi* et l'*Amazone*, en Amérique.

EUROPE.

100. L'EUROPE est la plus petite des cinq parties du monde, mais la mieux favorisée par sa position, sa configuration, sa population et sa civilisation ; celle où les sciences, les arts et en général toutes les connaissances humaines ont fait le plus de progrès.

101. Situation. L'Europe est située dans la zone tempérée du nord qui est la plus agréable de la terre ; entre le 35e et le 75e degré de latitude nord, et entre le 25e degré de longitude ouest et le 60e de longitude est.

102. Étendue. L'Europe de l'est à l'ouest a 550 myriamètres dans sa plus grande longueur du nord au sud, et 380 dans sa plus grande largeur. Sa superficie est de 100,000 myriamètres carrés, et sa population de 292 millions d'habitants.

103. Bornes. Les limites de l'Europe sont : au nord, l'Océan Glacial arctique ; à l'est, l'Asie dont elle est séparée par les monts Ourals, le fleuve Oural et la mer Caspienne ; au sud, les monts Caucase, la mer Noire et la mer Méditerranée ; à l'ouest, l'Océan Atlantique.

Contrées de l'Europe.

104. Divisions. L'Europe est divisée en seize contrées, dont quatre au nord, sept au centre et cinq au sud.

105. Contrées. Les quatre contrées au nord sont : les *Iles britanniques*, capitale Londres ; le *Danemark*, capitale Copenhague ; la *Suède* et la *Norvége*, capitale Stockholm ; la *Russie*, capitale Saint-Pétersbourg.

106. Les sept contrées au centre sont : la *France*, capitale Paris ; la *Belgique,* capitale Bruxelles ; la *Hollande*, capitale Amsterdam ; l'*Autriche*, capitale Vienne ; la *Prusse*, capitale Berlin ; l'*Allemagne*, villes pr. Francfort-sur-le-Mein, Hambourg, Hanovre, Dresde, Stuttgard et Munich ; la *Suisse*, v. pr. Bâle, Berne et Genève.

107. Les cinq contrées au sud sont : l'*Espagne*, cap. Madrid ; le *Portugal*, cap. Lisbonne ; l'*Italie*, villes principales Turin, Milan, Florence, Rome et Naples ; la *Turquie*, cap. Constantinople ; la *Grèce*, cap. Athènes.

NOTA. Pour les divisions de chaque contrée de l'Europe, voir pages 41 et suivantes.

Accidents géographiques.

108. **Mers.** L'Europe est baignée par deux océans, une grande mer et douze petites. Les deux océans sont : l'*Océan Glacial*, au nord ; l'*Océan Atlantique*, à l'ouest ; la grande mer est la mer *Méditerranée*, au sud.

109. Les douzes petites mers sont : la mer *Blanche*, formée par l'Océan Glacial ; la mer *Baltique*, la mer du *Nord*, la *Manche* et la mer d'*Irlande*, formées par l'Océan Atlantique ; la mer *Adriatique*, la mer *Ionienne*, l'*Archipel*, la mer de *Marmara*, la mer *Noire* et la mer d'*Azof*, formées par la Méditerranée ; et la mer *Caspienne*, immense lac qui ne communique à aucune mer.

110. **Détroits.** Les pricipaux détroits sont : le *canal du Nord* et le *canal Saint-Georges* qui font communiquer l'Océan Atlantique à la mer d'Irlande ; le *Skayer-Rack*, le *Cattégat*, le *Sund*, le *Grand-Belt*, le *Petit-Belt* qui font communiquer la mer du Nord à la mer Baltique ; le *Pas-de-Calais* qui fait communiquer la mer du Nord à la mer de la Manche ; le *détroit de Gibraltar* entre l'Europe et l'Afrique, fait communiquer l'Océan Atlantique à la mer Méditerranée ; le détroit de *Bonifacio*, entre la Corse et la Sardaigne ; le détroit de *Messine*, entre la Sicile et l'Italie ; le canal d'*Otrante*, entre la mer Ionienne et la mer Adriatique ; le détroit des *Dardanelles*, entre l'Archipel et la mer de Marmara, et le détroit de *Constantinople* entre la mer de Marmara et la mer Noire, séparent l'Europe de l'Asie ; le détroit d'*Iénikalé*, joint la mer Noire à la mer d'Azof.

2.

111. Golfes. Les golfes les plus **remarquables de** l'Europe sont : dans l'Océan Glacial, le golfe *Tcheskaïa;* dans la Baltique, les golfes *Riga*, de *Bothnie* et de *Finlande* ; dans l'Océan Atlantique, le golfe de *Gascogne;* dans la Méditerranée, les golfes du *Lion* etde *Gênes.*

112. Fleuves. Les fleuves les plus importants de l'Europe sont : la *Petchora*, qui se jette dans l'Océan Glacial ; la *Dwina*, qui se jette dans la mer Blanche ; la *Tornéa*, la *Néva*, la *Duna*, le *Niémen*, la *Vistule* et l'*Oder*, qui se jettent dans la mer Baltique ; l'*Elbe*, le *Wéser*, le *Rhin*, la *Meuse*, l'*Escaut* et la *Tamise* qui se jettent dans la mer du Nord ; la *Seine*, dans la mer de la Manche ; la *Loire*, la *Gironde*, le *Minho*, le *Douro*, le *Tage*, le *Guadiana* et le *Guadalquivir*, qui se jettent dans l'Océan Atlantique ; l'*Èbre*, *le Rhône*, le *Tibre*, qui se jettent dans la Méditerranée ; le *Pô* et l'*Adige* se jettent dans la mer Adriatique ; le *Danube*, le *Dniester*, le *Dniéper* se jettent dans la mer Noire ; le *Don*, dans la mer d'Azof ; la mer Caspienne reçoit l'*Oural* et le *Volga*, le plus grand fleuve de l'Europe.

113. Montagnes. Les principales chaînes de montagnes de l'Europe sont : les monts *Ibériens*, en Espagne ; les *Pyrénées*, entre l'Espagne et la France ; les *Alpes*, entre la France, la Suisse et l'Italie ; les *Apennins*, en Italie ; les *Balkans*, en Turquie ; les *Carpathes*, en Autriche ; les monts *Scandinaves*, entre la Suède et la Norvége ; les monts *Ourals*, en Russie entre l'Europe et l'Asie ; et le *Caucase*, entre la mer Noire et la mer Caspienne.

114. Volcans. Les trois principaux volcans de l'Europe sont : l'*Etna*, en Sicile ; le *Vésuve*, près de Naples ; et l'*Hécla*, en Islande.

115. Lacs. Les principaux lacs sont : les lacs *Ladoga*, *Onéga* et *Saïma*, en Russie ; les lacs *Wener*, *Wetter* et *Meler*, en Suède ; les lacs de *Genève* et de *Constance*, en Suisse.

116. Iles. Les grandes îles de l'Europe sont : la

Grande-Bretagne, qui forme l'Angleterre et l'Écosse, et l'*Irlande*, dans l'Océan Atlantique; la *Corse*, la *Sardaigne* et la *Sicile*, dans la mer Méditerranée.

117. Presqu'îles. L'Europe forme trois grandes presqu'îles et trois petites. Les trois grandes sont : la *Scandinavie*, formée par la Suède et la Norvége; la péninsule *Hispanique*, formée par l'Espagne et le Portugal; et l'*Italie* ayant la forme d'une botte. Les trois petites presqu'îles sont : le *Jutland*, en Danemark; la *Morée*, en Grèce, et la *Crimée*, au sud de la Russie.

118. Isthmes. Les deux principaux isthmes de l'Europe sont : celui de *Corinthe*, qui joint la Morée à la Grèce; et l'isthme de *Pérékop*, qui unit la Crimée à la Russie.

119. Caps. Les principaux caps de l'Europe sont : le cap *Nord*, au N. de la Suède; le cap *Finistère*, au N. O. de l'Espagne; le cap *Saint-Vincent*, en Portugal; le cap *Trafalgar*, au S. O. de l'Espagne; le cap *Spartivento*, en Italie, et le cap *Matapan*, au sud de la Morée.

Notions diverses.

120. Considérations générales. L'Europe, est la plus importante, la plus civilisée, la plus peuplée, la plus riche et la plus puissante des cinq parties du monde, par le développement prodigieux que les arts, les sciences, l'agriculture, l'industrie et le commerce ont reçu du génie de ses habitants. Les nations de l'Europe ont fondé, dans toutes les parties du monde, des établissements importants.

121. Gouvernements. On rencontre en Europe l'application de toutes les formes de gouvernement, depuis le fédéralisme républicain et la monarchie constitutionnelle jusqu'à la monarchie absolue.

122. Religions. La religion la plus universellement professée en Europe est le christianisme. Les chrétiens se divisent en : catholiques romains, 125 millions; schismatiques grecs, 56 millions; protestants (luthériens, calvinistes, presbytériens, anglicans), 50 millions; sectes diverses, 1 million; mahométans, 4 millions; juifs, 2 millions.

123. Races. Presque tous les habitants de l'Europe appartiennent à la race blanche ou caucasique.

124. Climat. La plus grande partie de l'Europe étant située dans la zone tempérée, le climat est généralement doux, à l'exception de quelques portions septentrionales de la Suède, de la Norvége et de la Russie qui pénètrent dans la zone glaciale.

125. Productions. L'Europe, malgré son peu d'étendue, fournit les productions naturelles les plus variées : les bois, les céréales, blé, orge, seigle, avoine, le maïs, le riz, les pommes de terre et les légumes de toutes sortes ; les vins, les fruits, le mûrier, l'olivier, l'oranger, le lin, le chanvre, etc. L'agriculture, très-développée, fournit abondamment les choses nécessaires à l'homme.

126. Mines. L'Europe possède d'abondantes mines de fer, de cuivre, de plomb, d'étain, de mercure, de sel et de houille d'une grande richesse ; des pierres à bâtir, du plâtre, de la chaux, du grès, du marbre, du granit, etc., et des eaux minérales.

127. Animaux. L'Europe ne nourrit que des animaux utiles, des bêtes à cornes, des moutons, des bœufs, des chevaux, de la volaille, du gibier et des poissons.

ASIE.

128. L'ASIE, la plus grande et la plus peuplée des cinq parties du monde, doit être regardée comme le berceau du genre humain ; c'est là que les arts, les sciences, le commerce et les religions ont pris naissance.

129. Position. L'Asie, placée à l'est de l'Europe et de l'Afrique, s'étend dans l'hémisphère septentrional du pôle à l'équateur, et embrasse toutes les zones; elle est située entre le 5° et le 75° degré de latitude nord et entre le 25° degré de longitude orientale et le 185° de longitude occidentale.

130. **Étendue.** L'Asie a 970 myriam. du nord au sud, et 1,280 myriam. de l'est à l'ouest; sa surface est de 471,000 myriam. carrés, et sa population d'environ 424 millions d'habitants.

131. **Bornes.** L'Asie est bornée au nord par l'Océan Glacial Arctique; à l'est par le Grand Océan; au sud par la Mer des Indes; à l'ouest par la mer Rouge et l'Afrique, la mer Méditerranée, la mer de Marmara, la mer Noire, le Caucase, la mer Caspienne, le fleuve Oural et les monts Ourals, qui la séparent de l'Europe.

Contrées de l'Asie.

132. **Divisions.** L'Asie se divise en 11 contrées principales : 1 au nord, la Russie d'Asie, ou *Sibérie*, cap. Tobolsk ; 2 à l'est, le *Japon*, cap. Yédo ; la *Chine*, cap. Péking ; 2 à l'ouest, la *Turquie d'Asie*, cap. Smyrne ; l'*Arabie*, cap. La Mecque ; 2 au sud, l'*Indo-Chine*, cap. Ava; l'*Hindoustan*, cap. Calcutta ; 4 au centre, la *Perse*, cap. Téhéran ; le *Beloutchistan*, cap. Kélat; l'*Afghanistan*, cap. Caboul; le *Turkestan*, cap. Bouckhara.

Accidents géographiques.

133. **Mers.** Les mers qui baignent l'Asie sont : au nord l'*Océan Glacial Arctique*; à l'est le *Grand Océan*, qui forme la mer de *Behring*, la mer d'*Okhotsk*, la mer du *Japon*, la mer *Jaune*, la mer *Bleue*, la mer de la *Chine* ; au sud la mer des *Indes*; à l'ouest la mer *Rouge*, la mer *Méditerranée*, l'*Archipel*. la mer de *Marmara*, la mer *Noire* et la mer *Caspienne*.

134. **Golfes.** Les principaux golfes de l'Asie sont : au nord le golfe de l'*Obi*; à l'est les golfes d'*Anadyr*, de *Kamtschatka*, de *Petchili*, du *Tonkin*, de *Siam*; au

sud les golfes de *Bengale*, d'*Oman* et le golfe *Persique*.

135. Détroits. Les détroits les plus remarquables de l'Asie sont : au nord, le détroit de *Behring*, entre l'Asie et l'Amérique ; au sud, le détroit de *Malacca*, le détroit d'*Ormus* et le détroit de *Bab-el-Mandeb* ; à l'ouest, les détroits des *Dardanelles* et de *Constantinople*, entre la Turquie d'Asie et la Turquie d'Europe.

136. Îles. Les îles principales de l'Asie sont : les *Sporades*, *Rhodes* et *Chypre*, dans la Méditerranée ; les îles *Laquedives*, les *Maldives* et *Ceylan*, dans la mer des Indes ; *Haïnan*, *Formose*, les îles *Liou-Tcheou*, les îles du *Japon*, *Tarakaï*, et les *Kourilles*, dans le Grand Océan ; les îles *Liakof*, dans l'Océan Glacial.

137. Presqu'îles. Les quatre grandes presqu'îles de l'Asie sont : l'*Anatolie*, l'*Arabie*, l'*Hindoustan* et l'*Indo-Chine* ; les quatre petites sont les presqu'îles de *Guzerate*, de *Malacca*, la *Corée* et le *Kamtschatka*.

138. Isthmes. Les deux principaux isthmes de l'Asie sont : l'isthme de *Suez*, qui joint l'Asie à l'Afrique ; et l'isthme de *Kra*, dans la presqu'île de Malacca.

139. Caps. Les caps principaux sont : au nord, le cap *Septentrional* ; à l'est, le cap *Oriental* ; au sud, les caps *Romania*, *Comorin* ; *Rasalgate* et *Moçandon* en Arabie.

140. Montagnes. Les principales chaînes de montagnes sont : le *Caucase* et les monts *Ourals*, entre l'Europe et l'Asie ; les monts *Stanovoï*, au nord-est ; les monts *Altaï*, entre la Sibérie et l'empire chinois ; les monts *Bolor*, entre le Turkestan et l'empire chinois ; les monts *Himalaya*, entre l'empire chinois et l'Hindoustan ; les *Gates*, dans l'Hindoustan ; et le *Taurus*, dans la Turquie d'Asie.

141. Lacs. Les principaux lacs de l'Asie sont le lac *Tchany* et le lac *Baïkal*, en Sibérie ; le lac *Aral*, dans le Turkestan ; le lac *Ourmia* en Perse ; le lac *Zerrah* dans le Caboul ; les lacs *Van* et *Asphaltite*, en Turquie.

142. Fleuves. Les principaux fleuves de l'Asie sont : l'*Obi*, l'*Iénisséi* et la *Léna*, qui se jettent dans l'Océan Glacial ; l'*Amour*, le *Houang-Ho* ou fleuve *Jaune*, le *Kiang* ou fleuve *Bleu*, le *Meï-Kong*, le *Meï-Nam*, qui se jettent dans le Grand Océan ; le *Thalouen*, l'*Iraouaddy*, le *Brahmapoutre*, le *Gange*, qui se jettent dans le golfe du Bengale ; l'*Indus*, qui se jette dans le golfe d'Oman ; le *Chat-el-Arab*, formé du *Tigre* et de l'*Euphrate*, qui se jette dans le golfe Persique.

Notions diverses.

143. Considérations générales. L'Asie, comprise dans les trois zones, offre une grande variété de climats et de productions. Les arts, les sciences, l'agriculture, l'industrie sont arriérés en Asie et depuis longtemps stationnaires ; le commerce y est peu développé.

144. Gouvernements. Toutes les nations indépendantes de l'Asie sont gouvernées par des souverains despotes et absolus.

145. Religions. Les principales religions dominantes de l'Asie sont : le bouddhisme, qui compte 160 millions de croyants, le culte de Confucius 100 millions, le brahmanisme 60 millions, le mahométisme 80 millions, le christianisme 3 millions, et le judaïsme 4 millions.

146. Races. La population de l'Asie se partage presque également entre la race blanche à l'est et la race jaune au centre et au sud ; la race noire occupe quelques îles du sud.

147. Productions. L'Asie produit en abondance le riz, le café, le thé, le coton, le mûrier, le dattier, l'indigotier, le cannelier, la canne à sucre, le poivre, les épices, les parfums et les gommes, etc.

148. Animaux. Les forêts et les déserts de l'Asie sont peuplés d'animaux sauvages, lions, tigres, rhinocéros, panthères, etc. ; l'éléphant, le chameau, le dromadaire, le cheval, la chèvre, le renne, le bœuf, le buffle, l'autruche, etc., sont domestiques.

149. Mines. Le règne minéral est fort riche en Asie, mais peu exploité, excepté les pierres précieuses.

Divisions des contrées de l'Asie.

150. La **Russie d'Asie**, qui occupe tout le nord de l'Asie, se divise en deux parties : la *Sibérie*, stérile et peu peuplée, cap. Tobolsk, ville commerçante; la région du *Caucase*, fertile et plus peuplée, cap. Tiflis, v. c.

151. La **Turquie d'Asie** est fertile et salubre; elle se divise en 6 provinces : l'*Anatolie*, cap. Koutaïch, v. pr. Smyrne; l'*Arménie*, cap. Erzeroum; le *Kurdistan*, ch.-l. Kerkouk; la *Mésopotamie*, ch.-l. Diarbékir; la *Babylonie* ou *Irak-Arabi*, ch.-l. Bagdad; la *Syrie*, cap. Alep; v. pr. Damas et Jérusalem.

152. L'**Arabie**, cap. La Mecque, forme une grande presqu'île comprise entre la mer Rouge et le golfe Persique. Elle se divise en 3 parties : l'*Arabie pétrée* à l'ouest, l'*Arabie heureuse* au sud, et l'*Arabie déserte*, au centre et à l'est; v. pr. Médine, Moka, Mascate.

153. Japon. L'Empire du Japon, cap. Yédo, se compose de quatre grandes îles : Niphon, Iéso, Tarrakaï et Kiou-Siou. Les Japonais sont civilisés, adonnés aux arts, à l'industrie et à l'agriculture.

154. Chine. L'Empire chinois se divise en 6 parties : la *Chine*, cap. Pékin; le *Turkestan chinois* ou *Tartarie*, la *Mandchourie*, la *Mongolie*, le *Thibet* et le *Boutan*, les îles *Haïnan* et *Formose*, v. pr. Nankin, Canton, v. commerçantes. Les Chinois sont industrieux, adonnés à l'agriculture et aux arts.

155. L'**Indo-Chine** se divise en 5 parties : l'*Empire Birman*, cap. Ava; le *Royaume de Siam*, cap. Bankok; l'*Empire d'Annam*, cap. Hué; *Malacca*, cap. Malacca; l'*Indo-Chine anglaise*, cap. Calcutta.

156. L'**Hindoustan** se divise en 4 parties principales : les *Etats indépendants*, v. pr. Cachemire ; le *Né-paul;* les *Possessions anglaises*, dont les 4 chefs-lieux sont Calcutta, Agrah, Madras et Bombay; les *Etats tri-butaires* des Anglais, v. pr. Lahore ; l'île *Ceylan*, cap. Colombo ; les *Possessions françaises*, cap. Pondichéry.

157. La **Perse** ou Iran, cap. Téhéran, a un sol fer-tile et des habitants industrieux.

158. Le **Béloutchistan** est une confédération de 6 provinces. Kélat, cap. ; v. p. Gandavat.

159. L'**Afghanistan** se compose de 4 royaumes réunis. Caboul, Candahar, Hérat et Peichaver.

160. Le **Turkestan** ou Tartarie indépendante, cap. Boukhara ; v. p. Samarkand , anc. capit. de l'empire de Tamerlan.

AFRIQUE.

161. L'**AFRIQUE**, une des cinq parties du monde, forme une immense presqu'île triangulaire, unie à l'A-sie par l'isthme de Suez. La civilisation, l'industrie, les arts et les sciences sont peu avancés en Afrique.

162. **Limites.** L'Afrique est bornée au nord par la mer Méditerranée; à l'est par l'Asie, la mer Rouge, l'Océan Indien ; au sud, par le Grand Océan; à l'ouest, par l'Océan Atlantique.

163. **Position.** L'Afrique, coupée par l'équateur en deux parties égales, est comprise presque toute dans la zone torride ; elle est située entre le 38e degré de lati-tude septentrionale et le 35e de latitude méridionale, et entre le 50e de longitude occidentale et le 20e de longitude orientale.

164. **Etendue.** L'Afrique a 756 myriamètres de lon-gueur sur 700 myr. de largeur ; sa superficie est de 272,000 myriamètres carrés , et sa population de 80,700,000 d'habitants environ.

Contrées de l'Afrique

165. Divisions. L'Afrique se divise en 20 contrées principales, dont 5 au nord, 4 à l'ouest, 6 au sud et 5 à l'est.

166. Contrées. Les 5 au nord sont: l'*Egypte*, c. le Caire; le *Maghreb* ou la *Barbarie* comprenant *Tripoli*, c. Tripoli; *Tunis*, c. Tunis; l'*Algérie*, c. Alger; *Maroc*, c. Maroc.

167. Les 4 à l'ouest sont : le *Sahara*, cap, Agably ; la *Sénégambie*, cap. Saint-Louis ; la *Guinée septentrionale*, v. p. Coumassie et Benin ; la *Guinée méridionale* ou *Congo*, v. p. San-Salvador et Loanda.

168. Les 6 au sud sont : la *Cimbébasie*, l'*Hottentotie*, la *Colonie du Cap*, cap. le Cap ; la *Cafrerie*, v. p. Port-Natal ; le *Monomotapa*, v. p. Sofala ; le *Mozambique*, cap. Mozambique.

169. Les 5 à l'est, sont : le *Zanguébar*, v. p. Quiloa et Mélinde; l'*Ajan*, v. p. Zéila; l'*Abyssinie*. cap. Gondar; la *Nubie*, cap. Sennaar; la *Nigritie* ou *Soudan*, v. p. Tombouctou, Sackatou.

Accidents géographiques.

170. Mers. L'Afrique est baignée par trois océans et deux mers : la mer *Méditerranée*, au nord ; l'*océan Atlantique*, à l'ouest ; l'*océan Austral*, au sud ; l'*océan Indien* et la *mer Rouge*, à l'est.

171. Golfes. Les principaux golfes de l'Afrique sont : les golfes de la *Syrte*, de *Gobes*, dans la Méditerranée ; le golfe de *Guinée*, dans l'océan Atlantique; le golfe d'*Aden*.

172. Détroits. Les principaux détroits de l'Afrique sont : le détroit de *Gibraltar*, qui fait communiquer l'océan Atlantique à la mer Méditerranée; le canal de *Mozambique* entre l'île de Madagascar et l'Afrique; et le détroit de *Bab-el-Mandeb*, à l'entrée de la mer Rouge.

173. Caps. Les principaux caps de l'Afrique sont les caps *Bon* et *Ceuta*, dans la Méditerranée, le cap *Blanc*, le cap *Vert*, le cap des *Palmes*, le cap de *Bonne-Espé-*

rance, dans l'océan Atlantique ; le **cap** des *Aiguilles* et le cap de *Guardafui* dans l'océan Indien.

174. Iles. Les îles ou groupes d'îles principaux de l'Afrique sont : les îles *Açores*, *Madère*, *Canaries*, du *Cap-Vert*, *Ascension* et *Sainte-Hélène*, dans l'Océan Atlantique ; l'île *Madagascar*, l'île de la *Réunion* ou *Bourbon* ; l'île *Maurice* ou de *France*, l'île *Rodrigue*, les îles *Seychelles* et l'île *Socotora* dans l'océan Indien.

175. Montagnes. Les principales chaînes de montagnes de l'Afrique sont : les monts *Atlas*, dans la Barbarie ; les montagnes de *Kong*, entre la Nigritie et la Guinée ; les monts de la *Lune*, au sud de l'Abyssinie, et les monts *Lupata*, au sud-est de l'Afrique.

176. Fleuves. Les principaux fleuves de l'Afrique sont ; le *Nil*, qui se jette dans la Méditerranée ; le *Sénégal*, la *Gambie*, le *Niger*, le *Zaïre* ou *Congo*, le *Couenza* et l'*Orange*, qui se jettent dans l'Océan Atlantique ; le *Zambèze*, qui se jette dans l'Océan indien.

177. Lacs. Les quatre principaux lacs de l'Afrique sont : le lac *Kérouan* en Égypte ; le lac *Laoudéah*, dans l'État de Tunis ; le lac *Tchad*, dans la Nigritie ; le lac *Dombéa*, en Abyssinie ; et le lac *Maravi* dans le Zanguebar.

Notions diverses.

178. Considérations générales. L'Afrique, située presque tout entière sous la zone torride est très-chaude ; les immenses déserts de sables mouvants qui couvrent le tiers de l'Afrique sont arides, sans végétation, à l'exception de quelques oasis. Les côtes et surtout les bords des fleuves sont très-fertiles. La plus grande partie de l'Afrique est plongée dans la barbarie.

179. Productions. Le sol de l'Afrique, rafraîchi par des pluies fécondantes, est dans certaines parties d'une extrême fertilité ; il produit des fruits, des légumes, le blé, le maïs, le manioc, le palmier, le dattier, le figuier, le bananier, le tamarinier, le cassier, le séné, l'ébénier, le sandal, les arbres à beurre, à épices, à gomme, à encens, et le baobab, le géant des végétaux.

180. Animaux. Les animaux féroces abondent en Afrique, tels que le lion, le tigre, la panthère, le chacal, le léopard, la hyène, l'hippopotame, le rhinocéros, le crocodille et le serpent boa; l'éléphant, la girafe, le zèbre, la gazelle, l'antilope, les singes, le buffle, le dromadaire, le chameau, le cheval, le bœuf, le mouton et la chèvre sont les principaux animaux utiles.

181. Minéraux. On trouve en Afrique tous les métaux et des pierres précieuses; mais ces trésors restent enfouis dans le sol d'où l'on néglige de les extraire.

182. Races. La population de l'Afrique appartient presque tout entière à la race nègre; les Maures ou habitants du nord appartiennent à la race blanche.

183. Religions. Les habitants du nord de l'Afrique pratiquent la religion mahométane; mais la plus grande partie des peuples africains suivent le fétichisme; le christianisme ne compte de croyants que sur les côtes.

184. Gouvernements. On trouve en Afrique toutes les formes de gouvernement, mais le despotisme y domine.

Divisions des contrées de l'Afrique.

185. L'Egypte se divise en trois grandes parties : la *Basse-Egypte* ou *Delta*, cap. le Caire; v. pr. Alexandrie, Rosette et Damiette; la *Moyenne Egypte*, près des Pyramides, cap. Gyzeh; la *Haute Egypte*, cap. Syout. L'Égypte forme une vaste vallée fertilisée par les inondations du Nil.

186. La Barbarie ou Maghreb comprend tout le nord de l'Afrique, le long des côtes de la Méditerranée; elle se divise en quatre parties, savoir : 1° la régence de *Tripoli*; 2° la régence de *Tunis*, formée de l'ancienne république de Carthage; 3° l'*Algérie*, qui appartient à la France, forme trois provinces; dont les chefs-lieux sont Alger Constantine et Oran; 4° l'empire du *Maroc* :

ces contrées, ainsi que l'Égypte, sont très-fertiles.

187. Le **Sahara** est un immense plateau couvert de sables mouvants ; les oasis renferment Agably, Talent et Bilma, villes principales.

188. La **Sénégambie**, du nom des deux fleuves qui l'arrosent, le Sénégal et la Gambie, forme plusieurs États indépendants et des établissements européens dont le principal, qui appartient **aux Français**, a pour chef-lieu Saint-Louis.

189. Les deux **Guinées** sont peu peuplées et mal cultivées ; les villes pr. sont Coumassie, Abomey, Bénin, San-Salvador, Bouali et les établissements portugais.

190. La **Cimbébasie** et l'**Hottentotie** sont deux immenses contrées désertes et peu connues, sans villes ni établissements européens importants ; habitées par des tribus de nègres Macasses, Numaquas, Bojesmans.

191. La **Colonie du Cap**, qui appartient aux Anglais, l'extrémité sud de l'Afrique; les côtes sont fertiles.

192. La **Cafrerie**, le *Monomotapa*, le *Sofala*, le *Mozambique* immenses contrées presque inconnues, forment la partie orientale de l'Afrique au sud de l'équateur.

Les **Iles** Madagascar, cap. Antanarive; l'île de la *Réunion*, chef-lieu Saint-Denis appartient à la France ; l'île Maurice, chef-lieu Port-Louis ; les îles Canaries, les îles Seychelles et Socotora appartiennent à l'Angleterre.

193. Le **Zanguebar** et l'*Ajan*, 2,000,000 d'h., sont deux immenses contrées dont les côtes sont peu connues, v. p. Quiloa, Mélinde et Brava, ancienne république.

194. L'**Abyssinie** comprend plusieurs États dont les plus importants sont ceux de *Gondar* et de *Tigré*.

195. La **Nubie**, située entre l'Égypte et l'Abyssinie, comprend les États de *Dongolah*, cap. Marakah ou Nouveau Dongolah, et de *Sennaar*.

196. La **Nigritie** ou *Soudan* est une vaste contrée de l'Afrique centrale très-peu connue. La capitale, Tombouctou, est commerçante.

3.

AMÉRIQUE.

197. **L'AMÉRIQUE**, la quatrième partie du monde et la plus grande après l'Asie, n'était pas connue des anciens ; découverte en 1492, par Christophe Colomb, elle forme le *Nouveau* continent.

198. L'Amérique forme deux immenses presqu'îles réunies par l'isthme de Panama : l'*Amérique septentrionale*, au nord, et l'*Amérique méridionale*, au sud.

199. Limites. L'Amérique est bornée au nord par l'Océan Glacial Arctique, à l'est par l'Océan Atlantique, au sud par l'Océan Austral, à l'ouest par le Grand Océan.

200. Situation. L'Amérique s'étendant du pôle nord au pôle sud embrasse toutes les zones ; elle est comprise entre le 25e et le 170e degré de longitude occidentale, et entre le 55e degré de latitude sud et le 75e de latitude nord. L'Amérique septentrionale a 670 myriamètres de longueur, et 520 de largeur ; l'Amérique méridionale a 520 myr. de longueur, sur 400 de largeur ; la surface de l'Amérique, y compris les îles, est de 400,000 myr. carrés ; sa pop. de 51,900,000 d'habitants.

Contrées de l'Amérique.

201. Divisions. L'Amérique septentrionale se divise en six contrées : l'*Amérique russe*, cap. la Nouvelle-Arkhangel ; le *Groenland*, v. p. Frédérikshaab ; la *Nouvelle-Bretagne* ou *Canada*, cap. Québec ; les *États-Unis*, cap. Washington ; le *Mexique*, cap. Mexico ; le *Guatémala*, cap. Guatémala, et les *îles* des Antilles.

202. L'Amérique méridionale se divise en douze contrées principales : trois au nord, la *Colombie*, qui forme trois républiques ; la *Nouvelle-Grenade*, cap. Santa-Fé-de-Bogota ; l'*Équateur*, cap. Quito ; le *Vénézuéla*, capitale Caracas ; cinq à l'est, les *Guyanes*, v. p. Stabroek, Paramaribo et Cayenne ; le *Brésil,* cap. Rio-Janeiro ; le *Paraguay,* cap. l'Assomption ; l'*Uruguay,* cap. Montévidéo ; *La Plata,* cap. Buénos-Ayres ; trois à l'ouest, le *Pérou,* capitale Lima ; la *Bolivie,* cap. Chuquisaca ou La Plata ; le *Chili,* cap. Santiago ; et la *Patagonie.*

Accidents géographiques.

203. Mers. L'Amérique est baignée par six mers qui sont : l'Océan Glacial Arctique et la mer de Baffin, au nord ; l'Océan Atlantique et la mer des Antilles, à l'est, le Grand Océan et la mer de Behring, à l'ouest.

204. Golfes. Les principaux golfes de l'Amérique sont : la baie d'*Hudson,* le golfe *Saint-Laurent,* le golfe du *Mexique,* le golfe d'*Honduras* et le golfe *Darien,* formés par l'Océan Atlantique ; le golfe de *Panama* et le golfe ou mer de *Californie,* formés par le Grand Océan.

205. Détroits. Les principaux détroits de l'Amérique sont ceux de *Davis,* d'*Hudson* et de *Belle-Isle,* au nord ; le détroit de *Bahama,* au sud des États-Unis ; le détroit de *Magellan,* au sud ; et le détroit de *Behring,* à l'ouest.

206. Îles. Les principales îles sont : le *Groenland,* dans l'Océan Glacial ; les îles de la mer de Baffin ; dans l'Océan Atlantique : *Terre-Neuve,* les *Bermudes,* les *Lucayes ;* dans la mer des Antilles, les *Grandes Antilles* qui sont : *Cuba,* cap. la Havane ; *Haïti,* cap. le Cap, Port-au-Prince ; la *Jamaïque,* cap. Kingston ; *Porto-Rico,* cap. Saint-Jean ; les *Petites Antilles ;* au sud, les îles *Malouines,* l'archipel de *Magellan,* et l'île de *Chiloé.*

207. Presqu'îles. Les presqu'îles sont dans l'Océan Atlantique : le *Labrador,* la *Nouvelle-Écosse,* la *Floride* et l'*Yucatan ;* dans le Grand Océan, la *Californie.*

208. Caps. Les principaux caps de l'Amérique sont le cap *Farewel,* au sud du Groenland ; le cap *Agi,* au sud de la Floride ; le cap *Saint-Roch,* à l'est du Brésil ; le cap *Horn,* au sud de l'Amérique ; le cap *Saint-Lucas ;* et le cap *Occidental,* à l'ouest de l'Amérique russe.

209. Lacs. Les principaux lacs sont : les lacs de l'*Esclave, Supérieur, Michigan, Huron, Érié* et *Ontario,* au nord des États-Unis ; le lac *Nicaragua,* dans le Guatémala, et le lac *Maracaïbo,* dans le Venezuéla.

210. Montagnes. Les grandes chaînes de montagnes de l'Amérique septentrionale sont les monts *Rocheux* et les monts *Alléghany;* dans l'Amérique méridionale, la *Cordillière des Andes* et les montagnes du Brésil.

211. Fleuves. Les grands fleuves de l'Amérique septentrionale sont : le *Saint-Laurent;* le *Mississipi,* qui a pour affluents : le *Missouri*, l'*Ohio*, l'*Arkansas* et la rivière *Rouge;* le *Rio-del-Norte;* dans l'Amérique méridionale : l'*Orénoque*, l'*Amazone*, le plus grand fleuve du monde, a pour affluents le *Rio-Negro* et la *Madeiro;* la *Plata*, dont les affluents sont le *Paraguay*, le *Parana*, le *Pilcomayo* et l'*Uruguay,* se jettent dans l'Océan Atlantique; le *Colorado* et l'*Orégon* se jettent dans le Grand Océan.

Notions diverses.

212. Considérations générales. L'Amérique, par sa vaste étendue embrassant toutes les zones, offre tous les climats et toutes les productions des autres parties du monde. Grâce à l'activité des Américains, l'agriculture, l'industrie, les arts et le commerce ont reçu un développement prodigieux, surtout dans les États-Unis.

213. Productions. Les productions végétales de l'Amérique sont celles du globe; elle produit en abondance et fournit à l'Europe des céréales, du sucre, du café, du coton, du riz, du tabac, de l'indigo, des fruits, des épices, des drogues et des plantes médicinales, des bois précieux pour l'ébénisterie et la teinture.

214. Animaux. Les quadrupèdes domestiques et sauvages de toutes sortes s'y rencontrent. On distingue le renne, le bison, le lama, la vigogne, le castor, le crocodile, les serpents, les insectes, les tortues, les baleines, les cachalots, la morue, etc.

215. Mines. Le règne minéral produit abondamment tous les métaux précieux, l'or, l'argent, le fer, le cuivre, le plomb, le mercure, le charbon et les diamants.

216. Races. Les habitants de l'Amérique peuvent se ranger en quatre classes : 1° les *blancs européens*, 15,000,000; 2° les *Indiens*, 15,000,000; 3° les *Nègres*, 10,000,000 ; 4° les *races mixtes*, 10,000,000.

217. Religions. Toutes les nations civilisées sont chrétiennes, les catholiques au nombre de 30,000,000 ; les protestants, 17,000,000, et 2,000,000 d'idolâtres.

218. Gouvernements. Tous les États indépendants de l'Amérique sont constitués en républiques, la plupart fédératives; le Brésil forme un empire.

Contrées de l'Amérique septentrionale.

219. Le **Groenland** et le *Spitzberg*, qui appartiennent aux Danois, sont très-froids ; on y pêche la baleine.

220. L'**Amérique russe**, au nord-ouest, est presque toujours couverte de neige; grand commerce de fourrures.

221. La **Nouvelle-Bretagne**, qui appartient aux Anglais, est froide et humide; elle comprend le *Canada*, le *Labrador*, la *Nouvelle-Écosse*, et l'île de *Terre-Neuve*, renommée par la pêche de la morue; cap. Québec ; v. pr. Montréal, York, Kingston.

222. Les **États-Unis** sont une confédération de 31 États. Washington, cap.; v. pr. New-York, Philadelphie, Baltimore, Boston et la Nouvelle-Orléans. Les États-Unis forment la nation la plus industrieuse et la plus commerçante du globe; l'agriculture y est florissante.

223. Le **Mexique** est une république fédérative de vingt-trois États; cap. Mexico; v. pr. Guanaxuata, la Vera-Cruz. Les métaux précieux y abondent.

224. Le **Guatémala** ou Amérique centrale est une confédération de cinq États : Guatémala, San-Salvador, Honduras, Nicaragua et Costa-Rica; cap. la Nouvelle-Guatémala, Léon, v. c. Truxillo, bon port.

Contrées de l'Amérique méridionale.

225. La **Colombie** comprend trois républiques fédératives : la *Nouvelle-Grenade*, au nord-ouest, cap. Santa-Fé de Bogota, v. p. Panama, Carthagène ; l'*Equateur*, cap. Quito ; le *Venezuela*, cap. Caracas ; v. p. Maracaïbo.

226. Les **Guyanes** sont très-fertiles, elles se divisent en trois parties : la *Guyane anglaise*, au nord, cap. Stabrock ; la *Guyane hollandaise*, au centre, cap. Paramaribo, et la *Guyane française*, au sud, cap. Cayenne.

227. **Brésil.** L'empire du *Brésil* est fertile, riche en mines ; cap. Rio-Janeiro ; v. pr. Bahia, Pernambouc.

228. Le **Paraguay**, cap. l'Assomption, et l'*Uruguay*, cap. Montévidéo, sont deux nouvelles républiques.

229. **La Plata** ou *République Argentine*, est une confédération de 14 États ; cap. Buénos-Ayres.

230. Le **Pérou**, sur le Grand Océan, pays de montagnes, est riche en mines d'or, d'argent ; cap. Lima ; Truxillo, port.

231. **La Bolivie** tire son nom du général Bolivar, qui l'affranchit de la domination espagnole ; c. Chuquisaca.

232. Le **Chili** est en république depuis 1818 ; cap. Santiago ; villes pr. Valparaiso, la Conception.

233. La **Patagonie**, pays froid et peu fertile, occupe la pointe méridionale de l'Amérique ; ses habitants sont très-grands. Au sud-est, se trouve la *Terre de Feu*.

OCÉANIE.

Notions diverses.

234. L'OCÉANIE, la cinquième partie du monde, est aussi appelée *Continent Austral* ; elle comprend la plupart des îles répandues dans le grand Océan, entre l'Amérique et l'Asie.

235. Limites. L'Océanie est située entre le 95ᵉ degré de longitude orientale et le 105ᵉ de longitude occidentale, et entre le 35ᵉ de latitude nord et le 55ᵉ de latitude sud.

236. Population. Sa longueur diagonale est de 2,000 myriamètres; sa population de 20,000,000 d'habitants, et sa superficie de 105,000 myriamètres carrés.

237. Climat. L'Océanie jouit généralement d'un climat chaud et humide, tempéré par le voisinage de la mer, mais les parties sud sont très-froides.

238. Productions. Les productions de l'Océanie sont celles des continents qui l'avoisinent; le sol y est géralement fertile et le règne végétal fort riche. Il donne tous les produits de l'Inde : poivre, gingembre, camphre, tabac, benjoin, café, coton, sucre, indigo, riz, girofle, muscade, bambous, rotins, cocos, ananas, bananes, bois précieux, bois de fer, d'ébène, de construction et de teinture, les palmiers et l'arbre à pain, etc.

239. Animaux. Les épaisses forêts des îles de la Malaisie renferment des éléphants, des rhinocéros, des singes, des orangs-outangs, des tigres, des buffles, des sangliers, des hippopotames, des crocodilles, et les marais, le serpent boa; des myriades de polypes forment des bancs de coraux très-dangereux pour les vaisseaux.

240. Races. Les peuples de l'Océanie appartiennent à deux races bien distinctes : la race *malaise* ou jaune, et la race noire; les nègres océaniens sont tous plus ou moins féroces, superstitieux et barbares; quelques-uns sont anthropophages.

241. Religions. Le mahométisme, le bouddhisme, le brahmanisme ont des sectateurs dans l'Océanie, mais le paganisme le plus grossier règne sur presque toutes les autres tribus océaniennes.

242. Gouvernements. La plupart des îles de l'Océanie, étant des possessions européennes, sont gouvernées d'après le système politique des nations auxquelles elles appartiennent; dans les îles indépendantes, le gouvernement est généralement l'absolutisme le plus primitif, les habitants sont divisés en castes : les chefs, les propriétaires et les esclaves.

243. Divisions. L'Océanie se divise en quatre parties : 1° la Malaisie à l'ouest, 2° la Mélanésie au sud, 3° la Polynésie à l'est, 4° la Micronésie au nord.

Malaisie.

244. La *Malaisie*, ainsi nommée parce qu'elle est peuplée par la race Malaise, se divise en cinq groupes d'îles ou archipels principaux : 1° les îles de la *Sonde*; 2° les îles de *Bornéo* ; 3° les îles *Philippines* ; 4° les îles *Célèbes*; 5° les îles *Moluques*.

245. Iles de la Sonde. Ces îles situées au sud-ouest, forment une longue chaîne d'îles de 500 myriamètres. Les deux plus grandes *Sumatra* et *Java*, séparées par le détroit de la Sonde qui donne son nom à ce groupe, appartiennent aux Hollandais; villes principales de *Sumatra :* Padang, ch. l., Achem, port. *Java* ch. l. Batavia, port, et Sourabaya; les autres îles sont : *Sumbava, Flores, Solor* et *Timor.*

246. Bornéo. La principale île de ce groupe est *Bornéo*, une des plus grandes îles du monde ; elle appartient en partie aux Hollandais; villes principales *Bornéo* et *Passir.*

247. Philippines. Les îles Philippines situées au nord de la Malaisie appartiennent aux Espagnols; sol fertile. Les îles principales sont : *Luçon.* cap. Manille, *Mindanao, Soulou* et *Palawan.*

248. Célèbes. Archipel dont *Célèbes* est l'île la plus importante, v. p. *Bony* et *Macassar* aux Hollandais.

249. Moluques. Les Moluques ou *îles aux Épices* dont les principales sont : *Gilolo, Amboine, Céram*, appartiennent aux Hollandais. Le sol de ces îles est très-fertile, il produit abondamment les épices.

Mélanésie.

250. La Mélanésie, dont le nom signifie *îles des Noirs*, vient de ce qu'elle est habitée par les nègres océaniens ; elle se divise en quatre parties : 1° l'*Australie*, 2° la *Tasmanie*, 3° la *Papouasie*, 4° la *Nouvelle-Bretagne*.

251. L'**Australie** ou *Nouvelle-Hollande*, appelée continent Austral, est la plus grande île du monde. Les Anglais y ont fondé la Nouvelle-Galles du Sud ou colonie de déportation ; ch. l. Sydney, port Jackson.

252. La **Tasmanie** ou *Terre de Diemen*, séparée de l'Australie par le détroit de Bass, est une colonie anglaise dont le ch.l. est Hobart-Town.

253. La **Papouasie** ou *Nouvelle-Guinée*, est une vaste île peu connue; les Papous sont indépendants.

254. La **Nouvelle-Bretagne** est habitée par des peuples cuivrés et féroces. Les autres archipels sont les *îles Salomon*, les *Nouvelles-Hébrides*, la *Nouvelle-Calédonie*, les îles *Lapeyrouse*.

Polynésie.

255. La **Polynésie**, dont le nom signifie *beaucoup d'îles*, se compose de toutes les îles disséminées dans la partie orientale du Grand-Océan; ces îles jouissent d'un climat doux et tempéré; la plupart des Polynésiens sont d'intrépides navigateurs. La Polynésie est divisée en deux parties par l'équateur.

256. La Polynésie méridionale comprend l'archipel de la *Nouvelle-Zélande* composé de deux grandes îles, *Tavaï-Pounamou* et *Ikana-Mawi*, habitées par des peuplades belliqueuses et anthropophages. Les habitants de la Nouvelle-Zélande sont les ANTIPODES de la France, c'est-à-dire qu'ils se trouvent à des longitudes et à des latitudes correspondantes, mais dans l'hémisphère diamétralement opposé au nôtre, de sorte que les *Zélandais ont les pieds sous ceux des Français.*

257. Les archipels principaux de la Polynésie méridionale sont : les îles de *Tonga* ou des *Amis*, les îles *Mangia* ou de *Cook*, *Hamoa* ou des *Navigateurs*, archipel *Pomotou*, *Taïti* ou de la *Société*, les îles *Nouka-Hiva* ou *Marquises*.

258. La *Polynésie septentrionale* comprend les îles *Hawaï* ou *Sandwich*, découvertes par le capitaine Cook, qui y périt.

Micronésie.

259. La *Micronésie*, dont le nom signifie petites îles, comprend une foule d'îlots situés dans l'hémisphère boréal, au nord de la Mélanésie.

260. Les principaux archipels sont les îles *Carolines*, les îles *Mariannes*, possession espagnole ; les îles *Magellan*, celles d'*Anson*, les îles *Mulgraves* ou *Marshall*, et les îles *Gilbert*.

261. Les Micronésiens sont généralement de mœurs douces; ils excellent dans l'art de la navigation et dans la construction des pirogues; ils ont quelques connaissances astronomiques.

Établissements européens dans l'Océanie.

262. **Français.** Le protectorat de la France s'étend sur l'archipel des Marquises et sur celui de Tahiti ; la France a fondé, en 1852, un établissement dans la Nouvelle-Calédonie.

263. Les *Anglais* ont des établissements en Australie, en Tasmanie, et dans la Nouvelle-Zélande et possèdent le groupe de Norfolk.

264. Les *Hollandais* possèdent les Moluques, et ont des établissements très-importants dans les îles de la Sonde, les Célèbes et Bornéo.

265. Les *Portugais* possèdent la partie nord-est de Timor et quelques îles environnantes.

266. Les *Espagnols* possèdent les Philippines et les Mariannes, ils s'attribuent également les îles Carolines.

267. Gouvernements indépendants. Tous les pays de l'Océanie qui ne sont pas colonisés par les européens, se gouvernent par eux-mêmes. Les royaumes les plus remarquables sont ceux de Siak, à l'est de Sumatra, et celui d'*Achem*, au nord-ouest de la même île. Le royaume de Bornéo, au nord de cette île ; celui de *Mindanao*, qui comprend une partie de l'île de ce nom, et quelques îles environnantes. Enfin le **royaume Hawaien**, dans les îles Sandwich.

FRANCE PHYSIQUE.

268. Notions historiques. La FRANCE se nommait autrefois les Gaules; les Romains en firent la conquête 56 ans avant J. C., et y dominèrent pendant 500 ans.

269. Bornes. La France est bornée au nord par la mer de la Manche, la mer du Nord, la Belgique, et le grand duché de Luxembourg; à l'est par l'Allemagne, la Suisse et l'Italie ; au sud par la mer Méditerranée et l'Espagne ; à l'ouest par l'Océan Atlantique.

270. Situation. La France est située entre le 7e degré de longitude occidentale et le 5e orientale, et entre le 42e et le 51e degré de latitude septentrionale.

271. Climat. Le climat de la France est généralement tempéré; l'air y est pur et salubre, le sol fertile et bien cultivé. L'industrie et le commerce sont très-développés, et l'instruction très-répandue.

272. Iles. Dans l'Océan Atlantique sont : *Ouessant, Groix, Belle-Ile, Noirmoutier, Dieu, Ré* et *Oléron*; dans la Méditerranée la *Corse* et les îles d'*Hyères*.

273. Caps. Les principaux caps sont ceux de *Barfleur* et de la *Hogue* sur la Manche, du *Finistère* dans l'Océan.

274. Golfes. Dans la Manche se trouvent les golfes de la *Seine* et de *Saint-Malo* ; dans l'Océan les golfes du *Morbihan* et de *Gascogne;* dans la Méditerranée le golfe *Lion.*

275. Détroits. Le principal détroit est celui du *Pas-de-Calais*, qui sépare la France de l'Angleterre.

276. Montagnes. Les chaînes de montagnes qui sillonnent la France sont : les *Alpes* , qui la séparent de l'Italie; le *Jura*, de la Suisse; les *Vosges* au nord-est; les *monts d'Auvergne* au milieu; les *Cévennes* au midi, et les *Pyrénées* entre la France et l'Espagne.

Bassins de la France.

277. Bassins. Les fleuves qui arrosent la France forment cinq bassins principaux : le *Rhin*, la *Seine*, la *Loire*, la *Garonne* et le *Rhône.*

278. Le *Rhin* prend sa source en Suisse, au mont St-Gothard; il traverse le lac de Constance, et forme une partie de la limite orientale de la France; il arrose Bâle, Mayence, Coblentz, Cologne, et se jette dans la mer du Nord. Son cours est de 1,300 kil. du sud au nord.

279. La *Seine* prend sa source dans la Côte-d'Or; elle arrose Troyes, Melun, Paris, Rouen, et se jette dans la Manche entre le Havre et Honfleur. Son cours est de 800 kilomètres de l'est à l'ouest.

280. La *Loire* prend sa source dans les Cévennes, au Gerbier des Joncs ; elle arrose Roanne, Nevers, Orléans, Blois, Tours, Nantes, et se jette dans l'Océan Atlantique au-dessous de Paimbœuf. Son cours est de 1,000 kilomètres du sud au nord, puis de l'est à l'ouest.

281. La *Garonne* a sa source dans les Pyrénées au Val d'Aran; elle arrose Toulouse, Agen, Bordeaux, prend le nom de GIRONDE après avoir reçu la Dordogne qui a sa source au mont Dore. Cours 500 kil. de l'E. à l'O.

282. Le *Rhône* prend sa source en Suisse au mont St-Gothard, traverse le lac de Genève; il arrose Genève

Lyon, Valence, Avignon, Arles et se jette dans la Méditerranée par plusieurs bouches, après un cours de 800 kil. du nord au sud ; c'est le fleuve le plus rapide de l'Europe.

283. **Canaux.** Les principaux canaux sont ceux du *Midi*, de l'*Est*, du *Centre*, de *Bourgogne*, d'*Orléans*, de *Briare* et du *Loing*, de *Picardie*, de *Saint-Quentin*, des *Ardennes* et celui de *Nantes à Brest*.

284. La France est divisée en quatre-vingt-six départements, qui tirent leurs noms des fleuves, des rivières ou des montagnes qui les traversent.

285. — 1° Bassin du Rhin ou de la mer du Nord.

RIVIÈRES ET ACCIDENTS.	DÉPARTEMENTS.	CHEFS-LIEUX.
Le RHIN donne son	Haut-Rhin. 67.	*Colmar.*
nom à 2 dép.; il reç.	Bas-Rhin. 66.	*Strasbourg.*
La MOSELLE à g. reç.	Moselle. 56.	*Metz.*
La MEURTHE à dr.	Meurthe. 53.	*Nancy.*
La Meuse.	Meuse. 54.	*Bar-le-Duc.*
Les *Vosges*, monts.	Vosges. 85.	*Épinal.*
Ardennes, monts.	Ardennes. 7.	*Mézières.*
Le *Pas-de-Calais* détroit.	Pas-de-Calais. 61.	*Arras.*
Position :	Nord. 58.	*Lille.*

286. — 2° Bassin de la Seine ou de la Manche.

La SEINE donne son	Seine. 72.	*Paris.*
nom à 2 dép., reçoit	Seine-Inférieure. 75.	*Rouen.*
L'AUBE à dr.	Aube. 9.	*Troyes.*
L'YONNE à g.	Yonne. 86.	*Auxerre.*
La MARNE à dr.	Marne. 50.	*Châlons-s.-Marne.*
	Haute-Marne. 51.	*Chaumont.*
	Seine-et-Marne. 73.	*Melun.*
L'OISE, à dr., reçoit	Oise. 59.	*Beauvais.*
	Seine-et-Oise. 74.	*Versailles.*
L'AISNE, à g.	Aisne. 2.	*Laon.*
L'EURE, à g.	Eure. 26.	*Evreux.*
	Eure-et-Loir. 27.	*Chartres.*
La Somme.	Somme. 77.	*Amiens,*
L'Orne.	Orne. 60.	*Alençon.*

Calvados, rochers.	Calvados. 13.	*Caen.*
La *Manche*, mer.	Manche. 49.	*Saint-Lô.*
Position :	Côtes-du-Nord. 21.	*Saint-Brieuc.*

287.—3° Bassin de la Loire ou de l'Océan atlantique.

La LOIRE donne	Loire. 41.	*Saint-Étienne.*
son nom à 3 dép.;	Haute-Loire. 42.	*Le Puy.*
elle reçoit	Loire-Inférieure. 43.	*Nantes.*
La NIÈVRE, à dr.	Nièvre. 57.	*Nevers.*
L'ALLIER, à g.	Allier. 3.	*Moulins.*
Le LOIRET, à g.	Loiret. 44.	*Orléans.*
Le CHER, à g.	Cher. 17.	*Bourges.*
L'INDRE, à g.	Indre. 35.	*Châteauroux.*
	Indre-et-Loire. 36.	*Tours.*
La VIENNE, à g., qui	Vienne. 83.	*Poitiers.*
reçoit	Haute-Vienne. 84.	*Limoges.*
La CREUSE, à dr.	Creuse. 22.	*Guéret.*
La MAINE, à d. formée	Maine-et-Loire. 48.	*Angers.*
Du LOIR, de	Loir-et-Cher. 40.	*Blois.*
La SARTHE et de	Sarthe. 71.	*Le Mans.*
La MAYENNE.	Mayenne. 52.	*Laval.*
La Vilaine reç. l'ILLE.	Ille-et-Vilaine. 34.	*Rennes.*
Morbihan, golfe.	Morbihan. 55.	*Vannes.*
Finistère, cap.	Finistère. 28.	*Quimper,*
Puy-de-Dôme, mont.	Puy-de-Dôme. 62.	*Clermont-Ferrand*

288. — 4° Bassin de la Garonne ou de l'Océan.

La GARONNE ou la	Haute-Garonne. 30.	*Toulouse.*
GIRONDE, reçoit	Gironde. 32.	*Bordeaux.*
L'ARIÉGE, à dr.	Ariége. 8.	*Foix.*
Le TARN, à dr. reç.	Tarn. 78.	*Alby.*
	Tarn-et-Garonne. 79	*Montauban.*
L'AVEYRON, à dr.	Aveyron. 11.	*Rodez.*
Le GERS, à g.	Gers. 31.	*Auch.*
Le LOT, à dr.	Lot. 43.	*Cahors.*
La DORDOGNE à dr.	Lot-et-Garonne. 46.	*Agen.*
reç. la Vézère gros-	Dordogne. 23.	*Périgueux.*
sie de la Corrèze.	Corrèze. 18.	*Tulle.*
La Charente.	Charente. 15.	*Angoulême.*
	Charente-Inférieure. 16.	*La Rochelle.*

La Sèvre-Niortaise.	Deux-Sèvres. 76	*Niort.*
reçoit la Vendée.	Vendée. 82.	*Napoléon-Vendée*
Pyrénées, monts.	Hautes-Pyrénées. 64	*Tarbes.*
	Basses-Pyrénées. 63	*Pau.*
Cantal, mont.	Cantal. 14.	*Aurillac.*
Lozère, mont.	Lozère. 47.	*Mende.*
Landes, terrain sabl.	Landes. 39	*Mont-de-Marsan.*

289. — 5° Bassin du Rhône ou de la Méditerranée.

Le RHONE donne son	Rhône. 68.	*Lyon.*
nom à 2 dép.; il reç.	Bouches-du-Rh. 12.	*Marseille.*
L'Ain, à dr.	Ain. 1.	*Bourg.*
La Saône, à dr. reç.	Haute-Saône. 69.	*Vesoul.*
	Saône-et-Loire. 70.	*Mâcon.*
Le Doubs, à g.	Doubs. 24.	*Besançon.*
L'Isère, à g.	Isère. 37.	*Grenoble.*
La Drôme, à g.	Drôme. 25.	*Valence.*
L'Ardèche, à dr.	Ardèche. 6.	*Privas.*
La Durance, à g.		
Le Gard, à dr.	Gard. 29.	*Nîmes.*
L'Hérault.	Hérault. 33.	*Montpellier.*
L'Aude.	Aude. 10.	*Carcassonne.*
Le Var.	Var. 80.	*Draguignan.*
Vaucluse, fontaine.	Vaucluse. 81.	*Avignon.*
La *Côte-d'Or,* mont.	Côte-d'Or. 20.	*Dijon.*
Le *Jura,* mont.	Jura. 38.	*Lons-le-Saulnier.*
Les *Alpes,* monts.	Hautes-Alpes. 5.	*Gap.*
	Basses-Alpes. 4.	*Digne.*
Les *Pyrénées,* monts.	Pyrénées-Orientales 65.	*Perpignan.*
La *Corse,* île.	Corse. 19.	*Ajaccio.*

290. **Chemins de fer.** Les dix principales lignes de Paris
sont celles : 1° du *Nord* ou de la Belgique, par Lille; 2° de l'*Est*
ou de *Strasbourg;* 3° de l'*Ouest* ou de Brest; 4° de la *Manche,*
par le Havre et Cherbourg; 5° d'*Orléans* et de Nantes; 6° de
Bordeaux; 7° du *Centre,* par Limoges; 8° de la *Méditerranée,*
par Dijon, Lyon et Marseille; 9° du *Grand Central,* de Lyon à
Bordeaux; 10° du *Midi,* de Bordeaux à Cette par Toulouse.

FRANCE POLITIQUE.

291. La France est divisée en 86 départements, ayant un numéro d'ordre alphabétique, subdivisés en 363 arrondissements ou sous-préfectures, en 2,846 cantons et 39,052 communes; elle a 35,783,000 habitants et 530,402 kilomètres carrés; elle est aussi divisée en 15 archevêchés, *A.* et 5 honoraires, *A*;* 65 évêchés, *É.;* 27 cours impériales, *C.;* et 21 divisions militaires, *M.*

DÉPARTEMENTS   PRÉFECTURES   SOUS-PRÉFECTURES

1. **Ain.** Préfecture *Bourg* , 4 sous-préfectures : Belley, *E.* Gex, Nantua, Trévoux.

2. **Aisne.** *Laon* , 4 : Château-Thierry, Saint-Quentin, Soissons *E.*, Vervins.

3. **Allier.** *Moulins E.*, 3 : Gannat, Lapalisse, Montluçon.

4. **Alpes (Basses).** *Digne E.*, 4 : Barcelonnette, Castellane, Forcalquier, Sisteron.

5. **Alpes. (Hautes).** *Gap E.*, 2 : Briançon, Embrun *A*.*

6. **Ardèche.** *Privas*, 2 : Largentière, Tournon; *Viviers E.*

7. **Ardennes.** *Mézières E.*, 4 : Rethel, Rocroy, Sedan, Vouziers.

8. **Ariége.** *Foix*, 2 : Pamiers *E.*, Saint-Girons.

9. **Aube.** *Troyes E.*, 4 : Arcis-sur-Aube, Bar-sur-Aube, Bar-sur-Seine, Nogent-sur-Seine.

10. **Aude.** *Carcassonne E.*, 3 : Castelnaudary, Limoux, Narbonne *A**

11. **Aveyron.** *Rodez E.*, 4 : Espalion, Milhau, Saint-Affrique, Villefranche.

12. **Bouches-du-Rhône.** *Marseille E. M.*, 2 : Aix *A. C.*, Arles *A*.*

13. **Calvados.** *Caen C.*, 5 : Bayeux *E.*, Falaise, Lisieux, Pont l'Évêque, Vire.

14. **Cantal.** *Aurillac*, 3 : Mauriac, Murat, Saint-Flour *E.*

15. **Charente.** *Angoulême E.*, 4 : Barbezieux, Cognac, Confolens, Ruffec.

16. **Charente-Inférieure.** *La Rochelle E.*, 5 : Jonzac, Marennes, Rochefort, Saintes, Saint-Jean-d'Angely.

17. **Cher.** *Bourges A. C. M.*, 2 : Saint-Amand, Sancerre.

18. **Corrèze.** *Tulle E.*, 2 : Brive, Ussel.

19. **Corse.** *Ajaccio E. M.*, 4 : Bastia *C.*, Calvi, Corte, Sartène.

20. **Côte-d'Or.** *Dijon E. C. M.*, 3 : Beaune, Châtillon-sur-Seine, Semur.

21. Côtes-du-Nord. *Saint-Brieuc E.*, 4 : Dinan, Guingamp, Lannion, Loudéac.

22. Creuse. *Guéret*, 3 : Aubusson, Bourganeuf, Boussac

23. Dordogne. *Périgueux E.*, 4 . Bergerac, Noutron, Ribérac, Sarlat.

24. Doubs. *Besançon A. C. M.*, 3 : Baume, Montbelliard, Pontarlier

25. Drôme. *Valence E.*, 3 : Die, Montélimart, Nyons.

26. Eure. *Evreux E.*, 4 : Les Andelys, Bernay, Louviers, Pont-Audemer.

27. Eure-et-Loir. *Chartres E.*, 3 : Châteaudun, Dreux, Nogent-le-Rotrou.

28. Finistère. *Quimper E.*, 4 : Brest, Châteaulin, Morlaix, Quim-

29. Gard. *Nîmes E. C.*, 3 : Alais, Uzès, Le Vigan.   (perlé.

30. Garonne (Haute-). *Toulouse A. C. M.*, 3 : Muret, Saint-Gaudens, Villefranche.

31. Gers. *Auch A.*, 4 : Condom , Lectoure , Lombez, Mirande.

32. Gironde. *Bordeaux A. C. M.*, 5 : Bazas, Blaye, La Réole, Lesparre, Libourne.

33. Hérault. *Montpellier E. C. M.*, 3 : Béziers. Lodève, St-Pons.

34. Ille-et-Vilaine. *Rennes E. C. M.*, 5 : Fougères, Montfort, Redon, Saint-Malo, Vitré.

35. Indre. *Châteauroux*, 3 : Le Blanc, Issoudun, La Châtre.

36. Indre-et-Loire. *Tours A. M*, 2 : Chinon, Loches.

37. Isère. *Grenoble E. C.*, 3 : La Tour-du-Pin, Saint-Marcellin , Vienne A*.

38. Jura. *Lons-le-Saulnier*, 3 : Dôle, Poligny, Saint-Claude *E.*

39. Landes. *Mont-de-Marsan*, 2 : Dax, Saint-Sever; *Aire E*.

40. Loir-et-Cher. *Blois E.*, 2 : Romorantin, Vendôme.

41. Loire. *Saint-Étienne*, 2 : Montbrison , Roanne.

42. Loire (Haute-). *Le Puy E.*, 2 : Brioude, Yssengeaux.

43. Loire-Inférieure. *Nantes E. M.*, 4 : Ancenis, Châteaubriant, Paimbœuf, Savenay.

44. Loiret. *Orléans E. C.*, 3 : Gien, Montargis, Pithiviers

45. Lot. *Cahors E.*, 2 : Figeac, Gourdon.

46. Lot-et-Garonne. *Agen E. C.*, 3 : Marmande, Nérac, Ville-

47. Lozère. *Mende E.*, 2 : Florac, Marvejols.   (neuve-d'Agen.

48. Maine-et-Loire, *Angers E. C.*, 4 : Baugé, Beaupréau, Saumur, Segré.

49. Manche. *Saint-Lô*, 5 : Avranches, Cherbourg, Coutances *E.*, Mortain, Valognes.

50. **Marne.** *Châlons-sur-Marne E. M.*, 4 : Épernay, Reims A., Sainte-Menehould, Vitry-le-Français.
51. **Marne (Haute-).** *Chaumont*, 2 : Langres E., Vassy.
52. **Mayenne.** *Laval*, 2 : Château-Gontier, Mayenne.
53. **Meurthe.** *Nancy E. C.*, 4 : Château-Salins, Lunéville, Sarrebourg, Toul.
54. **Meuse.** *Bar-le-Duc*, 3 : Commercy, Montmédy, Verdun E.
55. **Morbihan.** *Vannes E.*, 3 : Lorient, Ploërmel, Napoléonville.
56. **Moselle.** *Metz E. C. M.*, 3 : Briey, Sarreguemines, Thionville.
57. **Nièvre.** *Nevers E.*, 3 : Château-Chinon, Clamecy, Cosne.
58. **Nord.** *Lille M.*, 6 : Avesne, Cambrai A., Douai C., Dunkerque, Hazebrouck, Valenciennes.
59. **Oise.** *Beauvais E.*, 3 : Clermont, Compiègne, Senlis.
60. **Orne.** *Alençon.*, 3 : Argentan, Domfront, Mortagne; *Séez E.*
61. **Pas-de-Calais.** *Arras E.*, 5 : Béthune, Boulogne, Montreuil, Saint-Omer, Saint-Pol.
62. **Puy-de-Dôme.** *Clermont-Ferrand E. M.*, 4 : Ambert, Issoire Riom C., Thiers.
63. **Pyrénées (Basses-),** 4 : *Pau C.*, Bayonne E. M., Mauléon, Oloron, Orthez.
64. **Pyrénées (Hautes-).** *Tarbes E.*, 2 : Argelès, Bagnères.
65. **Pyrénées-Orientales.** *Perpignan E. M.*, 2 : Céret, Prades.
66. **Rhin (Bas-).** *Strasbourg E. M.*, 3 : Saverne, Schlestadt, Weissembourg.
67. **Rhin (Haut-).** *Colmar C.*, 2 : Altkirch, Belfort.
68. **Rhône.** *Lyon A. C. M.*, 1 : Villefranche.
69. **Saône (Haute-),** *Vesoul*, 2 : Gray, Lure.
70. **Saône-et-Loire.** *Mâcon*, 4 : Autun E., Châlon-sur-Saône, Charolles, Louhans.
71. **Sarthe.** *Le Mans E.*, 3 : La Flèche, Mamers, Saint-Calais.
72. **Seine.** *Paris A. C. M.*, 2 : Saint-Denis, Sceaux.
73. **Seine-et-Marne.** *Melun*, 4 : Coulommiers, Fontainebleau, Meaux E., Provins.
74. **Seine-et-Oise.** *Versailles, E.*, 5 : Corbeil, Étampes, Mantes, Pontoise, Rambouillet.
75. **Seine-Inférieure.** *Rouen A. C. M.*, 4 : Dieppe, Le Hâvre, Neufchâtel, Yvetot.
76. **Sèvres (Deux-).** *Niort*, 3 : Bressuire, Melle, Parthenay.
77. **Somme.** *Amiens E. C.*, 4 : Abbeville, Doullens, Montdidier, Péronne.

78. TARN. *Albi A.*, 3 : Castres, Gaillac, Lavaur.
79. TARN-ET-GARONNE, *Montauban E.*, 2 : Castel - Sarrazin , Moissac.
80. VAR. *Draguignan*, 3 : Brignoles, Grasse, Toulon; *Fréjus E.*
81. VAUCLUSE. *Avignon A.*, 3 : Apt, Carpentras, Orange.
82. VENDÉE. *Napoléon-Vendée*, 2 : Fontenay, les Sables-d'Olonne.
83. VIENNE. *Poitiers E. C.*, 4 : Châtellerault, Civray, Loudun, Montmorillon.
84. VIENNE (HAUTE-), *Limoges E. C. M.*, 3 : Bellac, Roche-chouart, Saint-Yrieix.
85. VOSGES. *Épinal*, 4 : Mirecourt, Neufchâteau, Remiremont, Saint-Dié *E.*
86. YONNE. *Auxerre A**, 4 : Avallon, Joigny, Sens *A.*, Tonnerre.

ANCIENNE DIVISION DE LA FRANCE.

292. La France avant 1789 était partagée en 32 gouverne-ments ou provinces, ayant chacune des lois et une administra-tion particulières. Voici les PROVINCES *avec leurs capitales* et les départements qu'elles ont formés :

293. **Au nord.** La FLANDRE, capitale, *Lille*, a formé 1 dé-partement : le Nord. L'ARTOIS, cap., *Arras*, a formé, 1 dép. : le Pas-de-Calais. La PICARDIE, cap. *Amiens*, a formé 1 dép. : la Somme. La NORMANDIE, cap. *Rouen*, a formé 5 dép. : Seine-Inférieure, Calvados, Eure, Manche, Orne. — L'ILE-DE-FRANCE, cap. *Paris*, a formé 5 dép. : Seine, Seine-et-Oise, Seine-et-Marne, Oise, Aisne. — La CHAMPAGNE, cap. *Troyes*, a formé 4 dép. : Aube, Haute-Marne, Marne, Ardennes.

294. **A l'Est.** La LORRAINE, cap. *Nancy*, a formé 4 dép. : Meurthe, Moselle, Meuse, Vosges. — L'ALSACE, cap. *Strasbourg*, a formé 2 dép. : Bas-Rhin, Haut-Rhin. — La FRANCHE-COMTÉ, cap. *Besançon*, a formé 3 dép. : Doubs, Jura, Haute-Saône. — La BOURGOGNE, cap. *Dijon*, a formé 4 dép. : Côte-d'Or, Yonne, Saône-et-Loire, Ain. — Le LYONNAIS, cap. *Lyon*, a formé 2 dép. : Rhône, Loire. — Le DAUPHINÉ, cap. *Grenoble*, a formé 3 dép. : Isère, Drôme, Hautes-Alpes.

295. **Au sud.** La PROVENCE, cap. *Aix*, a formé 3 dép. : Bou-ches-du-Rhône, Basses-Alpes, Var. — Le LANGUEDOC, cap. *Tou-louse*, a formé 8 dép. : Haute-Garonne, Tarn, Aude, Hérault, Gard, Lozère, Haute-Loire, Ardèche. — Le ROUSSILLON , cap. *Perpignan*, a formé 1 dép. : Pyrénées-Orientales. — Le COMTÉ DE FOIX, cap. *Foix*, a formé 1 dép. : Ariége. — Le BÉARN, cap.

Pau, a formé 1 dép. : Basses-Pyrénées. — La GUYENNE et GASCOGNE, cap. *Bordeaux*, a formé 9 dép. : Gironde, Dordogne, Lot-et-Garonne, Lot, Aveyron, Tarn-et-Garonne, Landes, Gers, Hautes-Pyrénées. — La CORSE, cap. *Bastia*, a formé 1 dép. : Corse. — Le COMTAT D'AVIGNON et PRINCIPAUTÉ D'ORANGE, cap. *Avignon*, a formé 1 dép. : Vaucluse.

296. **A l'Ouest.** L'ANGOUMOIS, cap. *Angoulême*, a formé 1 dép. Charente. — L'AUNIS et SAINTONGE, cap. *La Rochelle*, a formé 1 dép. Charente-Inférieure. — Le POITOU, cap. *Poitiers*, a formé 3 dép. Vienne, Deux-Sèvres, Vendée. — L'ANJOU, cap. *Angers*, a formé 1 dép. : Maine-et-Loire. — La BRETAGNE, cap. *Rennes*, a formé 5 dép. : Ille-et-Vilaine, Côtes-du-Nord, Finistère, Morbihan, Loire-Inférieure.— Le MAINE, cap. *Le Mans*, a formé 2 dép. : Sarthe, Mayenne.

297. **Au centre.** L'ORLÉANAIS, cap. *Orléans*, a formé 3 dép. : Loiret, Eure-et-Loir, Loir-et-Cher.— La TOURAINE, cap. *Tours*, a formé 1 dép. : Indre-et-Loire. — Le BERRY, cap. *Bourges*, a formé 2 dép. : Cher, Indre. — Le NIVERNAIS, cap. *Nevers*, a formé 1 dép. : Nièvre.—Le BOURBONNAIS, cap. *Moulins*, a formé 1 dép. : Allier. — La MARCHE, cap. *Guéret*, a formé 1 dép. Creuse. — Le LIMOUSIN, cap. *Limoges*, a formé 2 dép. : Haute-Vienne, Corrèze. — L'AUVERGNE, cap. *Clermont-Ferrand*, a formé 2 dép. : Puy-de-Dôme, Cantal.

CONTRÉES DE L'EUROPE.

Iles Britanniques.

POPULATION 27,500,000 h. SUPERFICIE 310,000 kil. c.

298. **Position.** Les Iles Britanniques, une des seize contrées du nord de l'Europe, situées au N. O. de l'Europe, forment un archipel composé de deux grandes îles : la *Grande-Bretagne*, qui comprend l'Angleterre et l'Écosse, l'*Irlande*; et de 4 groupes de petites îles : les *Shetland*, les *Orcades*, au N.; les *Hébrides*, au N. O.; les *Sorlingues*, au S. O.; les îles *Wight*, *Jersey* et *Guernesey*, dans la Manche.

299. **Climat.** Les Iles Britanniques ont un climat froid,

humide et brumeux; le sol est fertile en grains, en pâturages et très-bien cultivé. Il renferme d'abondantes mines de fer, de cuivre et de riches houillères.

300. Division. Les Iles Britanniques se divisent en trois parties principales : l'*Angleterre*, cap. Londres ; l'*Écosse*, cap. Édimbourg ; l'*Irlande*, cap. Dublin. Elles se subdivisent en comtés : l'Angleterre en a 52, l'Écosse 33, et l'Irlande 32.

301. Le Gouvernement des Iles Britanniques est une monarchie constitutionnelle qui exerce le pouvoir avec le concours de deux chambres : celle des lords, nommée par le roi, celle des communes, nommée par le peuple.

302. Industrie. L'industrie est très-développée dans les Iles Britanniques, surtout en Angleterre ; son commerce est le plus considérable de toutes les nations du globe. Des canaux, des routes, des chemins de fer sillonnent le pays en tous sens. Les Anglais ont des possessions dans toutes les parties du monde.

303. Villes importantes. En Angleterre : *Londres*, c., *Manchester*, v.m.; *Birmingham*, v. m., *Bristol*; *Liverpool*, avec un port; en Écosse: *Edimbourg*,c.,v. ind.; *Glasgow*, v. ind.; en Irlande : *Dublin*, c., *Cork*, *Limerik*,v. c.

304. Religion. Le calvinisme *anglican* est professé en Angleterre ; le calvinisme *presbytérien* en Écosse, et le *catholicisme* en Irlande. L'instruction est très-répandue.

Danemark.

POPULATION 2,200,000 d'h. SUPERFICIE 56,000 kil. c.

305. Position. Le Danemark, une des contrées du nord de l'Europe, situé à l'entrée de la mer Baltique, se compose de la presqu'île du *Jutland*, des îles *Seeland*, *Fionie*, *Laaland*, *Falster*, *Bornholm*, dans la Baltique; de l'archipel *Færoë* et de l'*Islande* dans l'oc. Atlantique.

306. Division. Le Danemark, cap. Copenhague, se di-

vise en trois parties : 1° l'Archipel danois; 2° le Jutland; 3° les duchés de Holstein et de Lauenbourg.

307. **Observations**. Le climat est froid, brumeux,
marécageux et peu fertile ; le Holstein possède de riches
pâturages où l'on élève des bœufs et des chevaux estimés. L'industrie est peu avancée dans le Danemark.

308. **Le Gouvernement** danois est une monarchie
constitutionnelle. La religion du pays est le *Luthéranisme*.

Suède et Norvége.

POPULATION 4,500,000 d'h. SUPERFICIE 755,000 kil. c.

309. **Position**. La Suède et la Norvége, une des
contrées du nord de l'Europe, est comprise entre la mer
Baltique, l'océan Atlantique et l'océan Glacial, avec
les îles *Gothland* et *Oland*, dans la Baltique.

310. **Observations**. Le climat est froid et brumeux,
mais salubre ; le sol, assez fertile au midi, stérile au
nord, est couvert de vastes forêts et de lacs; il produit des chevaux. Les mines de cuivre et de fer y abondent. L'industrie et le commerce y sont assez développés, ainsi que l'instruction.

311. **Division**. La monarchie suédoise comprend
deux royaumes : à l'est, la *Suède*, cap. Stockholm, v. c.,
port; et à l'ouest, la *Norvége*, cap. Christiania, v. c.

312. **Le Gouvernement** suédois est une monarchie
constitutionnelle. La religion du pays est le *luthéranisme*.

Russie.

POPULATION : 60,000,000 d'h., SUP. 5,400,000 de kil. c.

313. **Position**. La Russie, la plus vaste contrée de
l'Europe et du globe, s'étend de l'océan Glacial à la
mer Noire, et de la mer Caspienne à la mer Baltique.

314. **Observations**. L'immense territoire de la Russie
est plat, marécageux ; le sol est couvert au nord de
plaines stériles ou steppes, au milieu de vastes forêts,
et au sud de fertiles plaines qui sont le grenier de l'Europe. Le *climat*, chaud au sud, est très-froid au nord;

l'*industrie* et le *commerce* font de rapides progrès en Russie. L'instruction y est peu répandue.

315. **Division physique.** La Russie d'Europe se divise en quatre bassins réunis par des canaux : au nord , celui de l'Océan Glacial ; à l'est, celui de la mer Caspienne ; au sud, celui de la mer Noire ; et à l'ouest, celui de la mer Baltique. Politiquement, elle se divise en deux parties : 1° la *Russie,* cap. St-Pétersbourg, subdivisée en 50 gouvernements ; 2° le royaume de *Pologne*, cap. Varsovie, subdivisée en 8 palatinats. La population se partage en 3 classes : les *bourgeois,* les *nobles*, et les *serfs* ou paysans esclaves.

316. Le **Gouvernement** russe est une monarchie absolue ; l'empereur ou czar est le chef de la religion, qui est le *christianisme grec ;* les Polonais sont *catholiques.*

317. **Villes importantes.** *St-Pétersbourg,* cap. v. c. ind. ; *Moscou,* anc. cap. v. c. ; *Cronstadt* et *Riga*, ports sur la Baltique ; *Arkangel*, p. s. la mer Blanche ; *Novogorod, Kasan, Astrakan, Odessa, Sébastopol*, p. s. la mer Noire.

318. **Pologne.** L'ancien et puissant royaume de Pologne, dont le démembrement fut consommé, en 1795, par l'Autriche, la Prusse et la Russie, avait pour cap. *Varsovie*, sur la Vistule. *Cracovie, Lublin* et *Vilna* sont les villes importantes de la Pologne.

319. La Pologne forme une immense plaine. L'*air* y est froid et sain ; le *sol*, généralement fertile en grains, est couvert de beaux pâturages et de vastes forêts. L'industrie et le commerce y sont développés ; l'instruction y est plus répandue qu'en Russie.

Belgique.

POPULATION 4,400,000 h. SUPERFICIE 29,000 kil. c.

320. **Description.** La Belgique, une des contrées du milieu de l'Europe, située au N.-O. de la France, est un pays plat ; le *climat* y est sain, mais humide ; le *sol*, fer-

tile et bien cultivé, renferme d'abondantes mines de fer et de riches houillères ; l'*industrie* et le *commerce* y sont florissants ; l'instruction y est très-répandue.

321. Le **Gouvernement** belge est une monarchie constitutionnelle ; la religion dominante est le *Catholicisme*.

322. **Division.** La Belgique se divise en 9 provinces ayant pour ch.-l. *Bruxelles*, cap. v. c.; Anvers, p. c.; Gand, Bruges, Liége, Mons, Namur, Hasselt, Arlon, v. c.

Hollande.

POPULATION 3,200,000 h. SUPERFICIE 35,000 kil. c.

323. **Description.** La Hollande, baignée par la mer du Nord, est un pays plat et très-bas, d'immenses digues le garantissent des inondations de la mer. Le *climat* est humide et peu salubre ; le *sol*, sillonné par de nombreux canaux, est fertile, il abonde en pâturages ; l'*industrie* y est développée, et le *commerce* très-actif ; l'instruction y est répandue.

324. Le **Gouvernement** hollandais forme une monarchie constitutionnelle ; la nation se divise en trois ordres : l'ordre des nobles, l'ordre des villes, et l'ordre des campagnes. Le *calvinisme* est la religion dominante.

325. **Division.** La Hollande est divisée en 11 provinces : *Amsterdam*, anc. c., *La Haye*, n. c.; *Rotterdam*, v. c.

Suisse.

POPULATION 2,200,000 h. SUPERFICIE 38,000 kil. c.

326. **Description.** La Suisse, placée au milieu de l'Europe, en est le pays le plus élevé et le plus montagneux. Le *sol*, peu fertile, renferme d'excellents pâturages qui nourrissent beaucoup de bestiaux ; le *climat* est froid et salubre ; l'*industrie* et le *commerce* ont de l'importance ; l'instruction est assez répandue.

327. **Gouvernement.** La Suisse, ou Confédération

Helvétique, est une république démocratique formée de 22 cantons. Le *catholicisme* et le *protestantisme* se partagent presque également la population.

328. Villes importantes. *Berne,* cap., *Bâle, Genève, Zurich, Fribourg, Lausanne.* villes ind. et c.

Allemagne.

Population 40,000,000 d'h. Superficie 630,000 k. c.

329. Description. L'Allemagne, ou Confédération Germanique se compose de 40 États de diverses grandeurs, unis politiquement pour maintenir leur indépendance ; elle occupe le centre de l'Europe. Le climat, qui varie selon les localités, est doux et sain ; le sol, généralement fertile, produit des grains, des pâturages estimés, de riches mines. L'Allemagne est très-industrieuse et commerçante. L'instruction y est obligatoire.

330. Gouvernement. Le gouvernement de la Confédération Germanique est confié à une diète, composée de 17 membres pour les affaires ordinaires, et de 69 pour les lois fondamentales, sous la présidence de l'Autriche. Les *religions* professées sont le protestantisme, le catholicisme ; il y a beaucoup de juifs.

331. Division. Les 4 principaux États sont : l'Autriche, la Prusse, le Danemark et la Hollande, pour une partie de leurs possessions. Les 4 petits royaumes de *Hanovre,* cap. Hanovre ; de *Saxe,* cap. Dresde ; de *Wurtemberg,* cap. Stuttgard ; de *Bavière,* cap. Munich. Les grands duchés de *Bade,* cap. Carlsruhe ; de *Hesse-Cassel,* cap. Cassel ; de *Hesse-Darmstadt,* de *Saxe-Weimar,* de *Meklembourg-Schwerin,* de *Meklembourg-Strelitz,* de *Holstein-Oldenbourg,* et de 8 autres duchés, de 12 principautés et de 4 villes libres, *Francfort*-sur-le-Mein, siége de la diète, *Brême, Hambourg* et *Lubeck.*

Prusse.

Population 16,400,000 h., Superficie 275,000 kil. c.

332. Description. La PRUSSE, une des 7 contrées du milieu de l'Europe, est baignée par la mer Baltique. Le *climat* y est froid et humide; le *sol* peu productif. L'*industrie* est active, et le *commerce* assez florissant; l'instruction est très-répandue.

333. Le **Gouvernement** prussien est une monarchie représentative dont la constitution est peu libérale; la *religion* dominante est le luthéranisme; le catholicisme y est pour un tiers.

334. **Division.** La Prusse, cap. Berlin, fait partie de la Confédération Germanique et y occupe le deuxième rang; elle se divise en 8 grandes provinces subdivisées en 25 gouvernements : le *Brandebourg*, cap. Berlin; la *Poméranie*, cap. Stettin; la *Silésie*, c. Breslau; grand-duché de *Posen*, c. Posen; la *Prusse propre*, c. Kœnigsberg; la *Saxe*, c. Magdebourg; la *Westphalie*, c. Münster; les *Provinces Rhénanes*, c. Cologne.

Autriche.

POPULATION 37,500,000 d'h. SUPERFICIE 675,000 kil. c.

335. **Description.** L'AUTRICHE, une des 7 contrées du milieu de l'Europe, est baignée par la mer Adriatique. Le *climat* est doux et salubre; le *sol*, hérissé de montagnes, est fertile; il renferme d'abondantes mines. L'industrie s'y développe rapidement; le commerce est important; l'instruction y est répandue.

336. **Gouvernement.** L'Autriche a le titre d'empire, le gouvernement autrichien est monarchique et absolu. La religion *catholique* y est dominante; le culte grec et le culte protestant y sont aussi professés.

337. **Division.** L'Autriche se divise en 15 gouvernements, dont 6 font partie de la Confédération Germanique, dont elle est le premier État; ces divisions sont : 1° la *Basse Autriche*, cap. Vienne; 2° la *Haute Autriche*, ch.-l. Lintz; 3° le *Tyrol*, c. Insbruck; 4° la *Styrie*, c. Graetz; 5° *Laybach*, c. Laybach; 6° *Trieste*, c.

Trieste ; 7° la *Bohême*, c. Prague ; 8° la *Moravie*, c. Brünn ; 9° la *Gallicie*, c. Lemberg ; royaume Lombard-Vénitien ; 10° la *Lombardie*, c. Milan ; 11° la *Vénétie*, c. Venise ; 12° la *Hongrie*, c. Bude ; 13° la *Transylvanie*, ch. Klausenbourg ; 14° la *Croatie*, c. Agram ; 15° la *Dalmatie* ou Illyrie, c. Zara.

Espagne.

POPULATION 14,000,000 d'h.   SUPERFICIE 464,000 kil. c.

338. Description. L'ESPAGNE, une des 5 contrées du sud de l'Europe, est baignée par l'océan Atlantique et la mer Méditerranée. Le *sol*, sillonné par les monts *Ibériens* et *Cantabres*, par les sierras ou monts d'Estrella, d'Ossa, Morena et Nevada, est montagneux, généralement fertile, mais mal cultivé ; le *climat* est chaud et salubre. L'*industrie* est arriérée et le *commerce* peu actif ; l'instruction est peu répandue.

339. Le **Gouvernement** espagnol est une monarchie constitutionnelle. La religion est le *catholicisme*.

340. **Division.** L'Espagne se divise maintenant en 12 capitaineries générales subdivisées en 48 intendances ; elle se divisait avant en 15 provinces : 1° *Nouvelle Castille*, cap. Madrid ; 2° *Vieille Castille*, c. Burgos ; 3° *Biscaye*, c. Bilbao ; 4° *Navarre*, c. Pampelune ; 5° *Aragon*, c. Saragosse ; 6° *Catalogne*, c. Barcelone ; 7° *Valence*, c. Valence ; 8° *Estramadure*, c. Badajoz ; 9° *Andalousie*, c. Séville ; 10° *Grenade*, c. Grenade ; 11° *Murcie*, c. Murcie ; 12° *Léon*, c. Léon ; 13° *Galice*, c. La Corogne ; 14° *Asturies*, c. Oviédo ; 15° les îles *Baléares*, c. Palma.

341. La petite RÉPUBLIQUE D'ANDORRE occupe la vallée de ce nom dans les Pyrénées ; sa population est de 18,000 h. Elle est placée sous la protection de la France, de l'évêque d'Urgel, et de l'Espagne.

Portugal.

POPULATION 3,600,000 hab. SUPERFICIE 94,000 kil. c.

342. Le **PORTUGAL**, une des 5 contrées du sud de l'Europe, est baigné par l'océan Atlantique ; il forme avec l'Espagne une vaste péninsule. Le *sol*, sujet aux tremblements de terre, est fertile, mais mal cultivé ; le *climat* est doux et salubre. L'industrie est peu active, et le commerce peu important ; l'instruction négligée.

343. Le **Gouvernement** portugais forme une monarchie constitutionnelle ; la religion est le catholicisme.

344. **Division.** Le Portugal se divise en 6 régions : 1° *Estramadure* portugaise, c. Lisbonne ; 2° *Beira*, c. Coïmbre ; 3° *Tras-os-Montès*, c. Bragance ; 4° *Entre-Douro-et-Minho*, c. Braga ; 5° *Alem-téjo*, c. Evora ; 6° *Algarve*, c. Faro.

Italie.

POPULATION 23,000,000 d'h. SUPERFICIE 278,000 kil. c.

345. **Description.** L'**ITALIE**, une des 5 contrées du sud de l'Europe, a la forme d'une botte ; elle est comprise entre la mer Méditerranée et la mer Adriatique. Le *climat* est le plus beau de l'Europe ; la chaleur y est tempérée, l'air pur et le ciel serein ; le *sol* est fertile, mais l'agriculture est stationnaire. L'industrie et le commerce y sont peu développés, et l'instruction négligée.

346. **Division.** L'Italie se divise en 10 États, 5 grands et 5 petits ; les 5 grands sont : 1° le royaume de *Sardaigne*, cap. Turin ; 2° le royaume *Lombard-Vénitien*, à l'Autriche, cap. Milan et Venise ; 3° le grand-duché de *Toscane*, cap. Florence ; 4° les *Etats de l'Eglise*, cap. Rome ; 5° le royaume de *Naples*, cap. Naples. Les 5 petits : 1° le duché de *Plaisance*, c. Plaisance ; 2° le duché de *Parme*, c. Parme ; le duché de *Modène*, c. Modène ; 4° la république de *Saint-Marin* ; 5° l'île de *Malte*, c. Lavalette, appartient aux Anglais.

347. Les Gouvernements italiens sont monarchiques. La religion est le catholicisme.

348. Les États Sardes, baignés par la mer Méditerranée, se composent : du *Piémont*, cap. Turin; du duché de *Savoie*, c. Chambéry; du duché de *Gênes*, c. Gênes; du comté de *Nice*, c. Nice; et de l'île de *Sardaigne*, c. Cagliari; le Piémont comprend 5 intendances : Turin, Alexandrie, Aoste, Coni et Novare. Ils forment une monarchie constitutionnelle très-libérale. L'industrie et le commerce y sont florissants, et l'instruction répandue.

349. Le grand-duché de Toscane, baigné par la mer Méditerranée, est dans la partie centrale de l'Italie. Il se divise en 6 gouvernements : Florence, cap., sur l'*Arno*, Pise, Grosseto, Arezzo, Sienne, *Livourne*, port; l'île d'*Elbe*, où Napoléon fut relégué en 1814.

350. Les États de l'Église, baignés par la Méditerranée et la mer Adriatique, sont montagneux. L'industrie et le commerce y sont languissants; l'instruction peu développée. Le pape est le chef absolu, tant au spirituel qu'au temporel. Les États se divisent en 21 provinces; Rome, cap. et v. célèbre, sur le Tibre, métropole du monde chrétien, Bologne, Ancône, port.

351. La république de Saint-Marin, cap. St-Marin, est enclavée dans les États de l'Église, sur l'Adriatique.

352. Le royaume des Deux-Siciles, situé à l'extrémité méridionale de l'Italie, se compose du royaume de *Naples*, cap. Naples; villes imp.: Gaëte, Capoue, Salerne, Tarente; et de l'île de *Sicile*, cap. Palerme; v. pr.: Messine, Catane, Syracuse, Girgenti, port.

Turquie.

Population 16,000,000 d'h. Superficie 418,000 k. c.

353. La Turquie d'Europe, partie de l'Empire Ottoman, comprise entre la mer Adriatique et la mer Noire, est montagneuse; le climat est chaud, l'air pur,

le sol fertile, mais mal cultivé. L'industrie et le commerce y sont peu développés et l'instruction négligée.

354. Le **Gouvernement** turc est despotique; le souverain se nomme sultan. La religion dominante est le mahométisme; les chrétiens y sont nombreux.

355. **Division.** La Turquie se divise en 5 provinces et 3 principautés : 1° la *Roumélie*, cap. Constantinople ; 2° la *Thessalie*, c. Tricala ; 3° l'*Albanie*, c. Janina ; 4° la *Bosnie*, c. Bosna-Séraï ; 5° la *Bulgarie*, c. Sophie ; 1° la *Servie*, c. Semendria ; 2° la *Valachie*, c. Bukarest ; 3° la *Moldavie*, c. Jassy ; les îles *Candie*, *Thasso*, *Lemnos*, *Imbro*.

Grèce.

POPULATION 1,000,000 d'h. SUPERFICIE 47,000 kil. car.

356. La GRÈCE, située à l'extrémité méridionale de l'Europe, a un climat délicieux, un sol montagneux, mais fertile. L'*industrie* et le *commerce* sont sans importance; l'*instruction* est arriérée. Le *gouvernement* est une monarchie constitutionnelle; la *religion*, le christianisme grec.

357. **Division.** La Grèce se divise en 3 provinces subdivisées en 24 gouvernements : 1° la *Livadie*, cap. Athènes ; 2° la *Morée*, presqu'île, c. Nauplie et Tripolitza ; 3° l'*Archipel*, c. Négrepont, composé de l'île Négrepont, des Sporades septentrionales et des Cyclades.

358. La RÉPUBLIQUE DES ILES IONIENNES, c. Corfou, placée sous la protection de l'Angleterre, se compose de sept grandes îles : *Corfou* (ancienne Corcyre), *Paxo*, *Saint-Maure*, *Théaki* (anc. Ithaque), *Céphalonie*, *Zante*, *Cérigo* (anc. Cythère).

MONDE CONNU DES ANCIENS.

359. Les anciens ne connaissaient que l'*ancien* continent, qu'ils divisaient en trois parties : l'*Europe*, l'*Asie* et l'*Afrique*, et leur donnaient les mêmes limites qu'aujourd'hui.

360. Les côtes seules étaient bien connues des anciens; mais l'intérieur et le sud de l'Afrique, le nord de l'Europe et de l'Asie leur étaient inconnus.

EUROPE.

361. **Mers, détroits.** L'EUROPE connue des anciens était baignée au nord par l'océan *Germanique* (mer du Nord), la mer *Suève* (Baltique); à l'ouest par l'*Océan Atlantique;* au sud par les Colonnes d'*Hercule* ou détroit de *Gades* (Gibraltar); la mer *Intérieure* (Méditerranée), l'*Adriatique*, la mer *Égée* (Archipel), l'*Hellespont* (détroit des Dardanelles), la *Propontide* (mer de Marmara), le *Bosphore de Thrace* (détroit de Constantinople), le *Pont-Euxin* (mer Noire), le *Bosphore Cimmérien* (détroit d'Iénikalé), le *Palus-Méotide* (mer d'Azof), le *Tanaïs* (Don, fleuve). La mer d'*Hyrcanie* ou *Caspienne*.

362. **Montagnes.** Les Pyrénées, les Alpes, le Caucase, les monts Hyperboréens ou Ourals, l'Hémus en Grèce.

363. **Fleuves.** Le *Russ* (Niémen), la *Vistule*, l'*Albis* (Elbe), le *Rhenus* (Rhin), la *Sequana* (Seine), le *Liger* (Loire), la *Garumna* (Garonne), le *Durius* (Douro), le *Tage*, l'*Anas* (Guadiana), le *Bœtis* (Guadalquivir), l'*Ibérus* (Ebre), le *Rhodanus* (Rhône), le *Tiberis* (Tibre), l'*Ister* (Danube), le *Tyrus* (Dniester, l'*Hypanis* (Boug), le *Boristhène* (Dniéper), le *Tanaïs* (Don), le *Rha* (Volga), le *Rhymnus* (Oural).

Anciennes contrées de l'Europe.

364. **Divisions.** L'Europe ancienne se divisait en 20 parties principales : 4 au nord, les Iles Britanniques, la Chersonèse Cimbrique, la Scandinavie, la Sarmatie; 8 au centre, la Gaule, la Germanie, la Vindélicie, la Rhétie, le Norique, la Pannonie, la Dacie et l'Illyrie; 8 au sud, l'Hispanie, la Lusitanie, l'Italie, la Mésie, la Thrace, la Macédoine, l'Epire et la Grèce.

365. Les Iles Britanniques BRETAGNE (Angleterre et Ecosse) et HIRCANIE (Irlande), villes principales, *Londinum*, Londres, *Casta Alata*, Edimbourg, *Eblana*, Dublin ; la CHERSONÈSE CIMBRIQUE, Danemark (pays des Cimbres) ; la SCANDINAVIE, Suède et Norvége ; la SARMATIE, Pologne et Russie, v. p. *Olbia* près Nikolaïev, *Taphræ*, Pérécof, *Odessus*, *Chersonesus*, Sébastopol.

366. La GAULE, France, Belgique, v. p. *Lutèce*, Paris, *Lugdunum*, Lyon, *Massilia*, Marseille, *Burdigala*, Bordeaux, *Nannètes*, Nantes, *Genabum*, Orléans.

367. La GERMANIE, Allemagne, Prusse et Hollande ; la VINDÉLICIE, Bavière ; la RHÉTIE , la NORIQUE , la PANNONIE , Autriche, v. p. *Vindobona*, Vienne ; la DACIE, Hongrie, Moldavie et Valachie.

368. L'HISPANIE, Espagne, v. p. *Mantua*, Madrid , *Gades* , Cadix, Sagonte ; la LUSITANIE , Portugal, v. p. *Olisippo*, Lisbonne, *Conimbriga*, Coïmbre.

369. L'ITALIE, v. p. Rome, *Taurasia* , Turin, *Mediolanum*, Milan, *Aquilée*, près de Venise, *Herculanum*, *Pompeï*, *Neapolis*, Naples, *Syracuse*, *Panorme*, Palerme, *Agrigente*, Girgenti , *Messana* , Messine, *Caralis*, Cagliari, *Oppidum*, Bastia, *Aleria*.

370. La MÉSIE, Servie, Bulgarie, v. p. *Singidunum*, Belgrade.

371. L'ILLYRIE , la THRACE, la MACÉDOINE, l'EPIRE, Turquie d'Europe, villes p. *Byzance*, Constantinople, *Andrinopolis*, Andrinople, *Thessalonica*, Salonique.

372. La GRÈCE se divisait en 3 parties : la Grèce propre au nord, le Péloponèse ou Morée et les îles ; la Grèce propre renfermait : la Thessalie, l'Acarnanie, l'Etolie, la Phocide, la Béotie et l'Attique ; le Péloponèse renfermait : l'Achaïe, l'Elide, l'Arcadie, l'Argolide, la Messénie et la Laconie, v. p. Athènes, Thèbes, Corinthe, Sparte, les îles *Eubée*, Négrepont, les Cyclades, les Sporades, l'île de *Crète*, Candie.

ASIE.

373. L'ASIE ancienne était bornée au nord par des pays peu connus, la *Scythie* ou Sibérie ; à l'ouest par le *Tanaïs* ou Don, le Palus-Méotide, le Pont-Euxin, la Propontide, la mer Intérieure, l'Afrique et la mer Rouge ; au sud par la mer Erythrée et la mer des Indes, à l'est par le pays des Sines, terres inconnues.

374. Les **Fleuves** principaux étaient : l'Euphrate, le Tigre, l'Indus et ses 3 affluents, l'Hydaspes, l'Hydraote et l'Hyphase, le Gange ; l'Oxus et l'Iaxarte qui se jetaient dans la mer Caspienne.

375. Les **Montagnes** principales étaient : les monts Caucase, l'Imaüs, l'Hymalaya, le Taurus, l'Ararat, le Liban, le Sinaï.

Anciennes contrées de l'Asie.

376. Divisions. L'Asie ancienne se divisait en 16 contrées principales : au nord, la Scythie ; à l'ouest, l'Arménie, l'Asie Mineure, la Syrie, la Palestine, l'Arabie ; au centre, l'Assyrie, la Médie, la Perse, la Caramanie, l'Arie, l'Hyrcanie, la Gédrosie, l'Orites, l'Inde et le pays des Sines.

377. La Scythie, pays peu connu, divisée en Scythie en deçà de l'Imaüs, Russie d'Asie ; et la Scythie au delà de l'Imaüs, Tartarie indépendante.

378. L'Arménie, l'Asie Mineure, la Syrie, la Palestine, l'Assyrie formaient la Turquie d'Asie, v. p. Troie, Ephèse, Sidon, Tyr, Palmyre, Jérusalem, Samarie, Damas, Babylone, Ninive.

379. L'Arabie, divisée en Arabie Pétrée, Arabie Heureuse et Arabie Déserte, v. pr. *Macoraba*, La Mecque, Madian, Saba, Sochor.

380. La Chaldée, la Suziane, la Médie, la Caramanie, l'Hyrcanie et la Perse, formaient la Perse actuelle, v. p. Ecbatane, Suse, Persépolis.

381. La Gédrosie, Béloutschistan et Afghanistan, v. p. Ora ; *Arie*, Hérat; *Parthes*, Turkestan, v. p. Pura, Alexandrie; la *Sogdiane* et la *Bactriane*, Kalmoukie, v. p. *Maracanda* Samarkand, Bactra.

382. Les Indes se divisaient en *Indes en deçà du Gange*, Hindoustan, v. p. Nysa, Pattapala, Lahora ; le pays des *Oxidragues*, à l'ouest, et celui des *Dachinabodes*, Dekkan, au sud, et l'île de *Taprobane*, Ceylan, près du cap Comaria ; et en *Indes au delà du Gange* ou Chersonèse d'or, Indo-Chine et presqu'île de Malacca, v. pr. Thinæ, Catigara.

383. Le pays des Sines, la Chine, contrées peu connues et qui bornaient l'Asie à l'est.

AFRIQUE.

384. L'AFRIQUE, dont les anciens ne connaissaient que la partie orientale et la partie septentrionale, avait pour bornes au nord la mer Intérieure ou Méditerranée; à l'est l'Asie, la mer Rouge et l'océan Erythrée; à l'O. l'Océan Atlantique; les bornes au sud étaient inconnues.

385. Les **Montagnes** principales étaient les monts *Atlas* au nord, les monts de la *Lune* au centre.

386. Les **Fleuves** étaient le *Nilus* Nil, *Darodus* Sénégal, et le *Niger*.

Anciennes contrées de l'Afrique.

387. Les **Divisions** principales de l'Afrique ancienne étaient : l'Egypte, l'Ethiopie, la Libye, l'Afrique propre, la Numidie et la Mauritanie.

388. L'Egypte, arrosée par le Nil, se divisait en trois parties : la *Basse-Egypte* ou Delta, v. p. Alexandrie, Pelutium; la *Moyenne-Egypte*, v. p. Memphis, les Pyramides; la *Haute-Egypte*, v. p. Thèbes, Ptolémaïs, Syène.

389. L'Ethiopie, bornée au nord par l'Egypte, à l'est par la mer Rouge, v. p. Napata, Méroé; les *Troglodytes*, peuples sur les côtes de la mer Rouge, habitaient des cavernes. La *Nubie*, la partie la plus orientale de l'Afrique, près du golfe Avalites, v. p. Avalites ou Zeïlah, Mosylon, et le pays du *Cinnamome*.

390. La LIBYE, à l'ouest de l'Egypte et de l'Ethiopie, était baignée au nord par la mer Intérieure, v. p. Cyrène, au sud de la Libye, les *Garamontes*, peuples nomades, de l'intérieur.

391. L'AFRIQUE PROPRE, ou République carthaginoise, comprenait les régions de Tripoli et de Tunis, v. pr. Carthage, *OEa* Tripoli, *Tunes* Tunis, Utique, Zama.

392. La NUMIDIE, Algérie, *Icosium* Alger, *Hippone* Bone, *Cirta* Constantine.

393. La MAURITANIE, Maroc, contrée occidentale de l'Afrique et dont la partie sud et les côtes de l'Océan étaient presque inconnues, v. p. Césarée, Cherchell, *Tingis* Tanger, Lixus ; au sud, les *Gétules*, et près des côtes, les îles *Fortunées*, Canaries.

394. NOTA. Nous n'avons pu donner le nom des peuples qui ont successivement habité les contrées que nous décrivons ni leurs capitales, parce que ces peuples, par suite des guerres et des révolutions politiques, ont changé plusieurs fois de noms et de pays pendant le cours des cinq siècles que comprend la géographie du monde connu des anciens.

COSMOGRAPHIE.

395. La COSMOGRAPHIE est la connaissance de l'univers. L'univers est l'ensemble de tout ce qui existe; c'est l'espace immense et sans bornes dans lequel les astres sont disséminés.

396. Les *astres* se divisent en deux classes : 1° les astres qui se meuvent autour du soleil; 2° les étoiles fixes.

Système solaire.

397. Le SYSTÈME SOLAIRE comprend le soleil et tous les astres qui tournent autour de lui: les planètes, leurs satellites et les comètes.

398. Le Soleil est un astre lumineux, 1,300,000 fois plus gros que la terre ; il tourne sur lui-même en 25 jours et 12 heures.

399. Les Planètes sont des corps opaques, éclairés par le soleil, dont elles réfléchissent la lumière ; les planètes ont deux mouvements, l'un de rotation, sur elles-mêmes, l'autre de révolution autour du soleil, d'occident en orient. Le chemin qu'elles parcourent se nomme *orbite*.

400. On distingue douze planètes principales, qui sont, dans l'ordre de leur éloignement du soleil : *Mercure*, *Vénus*, la *Terre*, *Mars*, *Vesta*, *Junon*, *Cérès*, *Pallas*, *Jupiter*, *Saturne*, *Uranus* et *Neptune*, plus les planètes *télescopiques*.

401. Les Satellites sont de petits astres qui tournent autour des planètes. La Terre a un satellite qui est la Lune ; Jupiter en a 4, Saturne 7 et un anneau, Uranus 6, Neptune 1.

402. Les Comètes sont des espèces de planètes qui parcourent une orbite ou ellipse très-allongée ; elles ne sont visibles que dans une partie de leur cours, et paraissent souvent accompagnées d'une queue lumineuse.

Terre.

403. La Terre, l'une des planètes, est un corps sphérique dont la circonférence est de 40,000 kilomètres et le diamètre de 12,729 kilomètres ; à chaque pôle, la terre est aplatie d'environ 20 kilomètres et demi.

404. L'aplatissement de la terre vers les pôles et la hauteur des montagnes ne détruisent pas la rotondité du globe ; car l'aplatissement ne serait que d'un demi-millimètre pour une sphère de trois décimètres de diamètre ; et la hauteur des montagnes forme, à la surface de la terre, des irrégularités moindres, relativement à son volume, que les petites aspérités qui sont à la surface de la peau d'une orange.

405. La rondeur de la terre est prouvée matériellement par ce fait (figure 3) que lorsqu'un navire approche des côtes, on n'aperçoit partout d'abord que l'extrémité des mâts et successivement les parties inférieures; elle est aussi prouvée par le lever et le coucher graduels des astres dans quelque direction qu'on se dirige.

406. La terre étant ronde, tous les objets sont retenus à sa surface par une force nommée *attraction*, qui les attire vers le centre du globe et dont l'effet est la *pesanteur*.

407. La force d'attraction qui attire les petits corps vers les gros, et se nomme aussi *force centripète*, et la force de projection, nommée *force centrifuge*, sont la base et la cause de la régularité de tous les mouvements des corps célestes.

408. La terre, comme toutes les autres planètes, a un double mouvement d'occident en orient; l'un *diurne* ou de rotation sur elle-même, l'autre *annuel* ou de révolution autour du soleil.

409. Pour pouvoir expliquer les phénomènes terrestres et pour déterminer d'une manière précise la position de tous les lieux de la terre, on a imaginé diverses lignes et cercles.

410. L'Axe de la terre est une ligne imaginaire autour de laquelle la terre tourne : les deux extrémités de l'axe s'appellent les *pôles;* l'un est le pôle *nord*, appelé aussi *boréal* ou *arctique,* l'autre est le pôle *sud,* appelé aussi pôle *austral* ou *antarctique.*

411. Les Parallèles sont des cercles parallèles entre eux, dont les plus importants sont : l'équateur, les tropiques et les cercles polaires.

412. L'Equateur est un grand cercle placé à égale distance des pôles et qui partage la terre en deux hémisphères, l'un septentrional et l'autre méridional; on l'appelle aussi *ligne équinoxiale,* parce que, quand le soleil se trouve dans son prolongement, les jours sont égaux aux nuits dans tous les pays de la terre.

413. Les Tropiques sont des cercles placés à 23 degrés et demi de l'équateur, et les *cercles polaires* à 23 degrés et demi des pôles ; ils partagent la surface de la terre en cinq zones dont les noms indiquent la température des pays qu'elles comprennent.

414. Zones. La *zone torride* ou *brûlante* est comprise entre les deux tropiques ; l'équateur la coupe en deux parties égales, l'une du nord et l'autre du sud ; la *zone tempérée du nord*, entre le tropique du Cancer et le cercle polaire arctique ; la *zone tempérée du sud*, entre le tropique du Capricorne et le cercle polaire antarctique, et les deux *zones glaciales*, entre les cercles polaires et les pôles.

415. Les Méridiens sont des cercles qui passent par les pôles et qui coupent l'équateur à angle droit. Le premier méridien passe à Paris, autrefois il passait à l'île de Fer, une des Canaries ; il coupe la terre en deux hémisphères, l'un oriental et l'autre occidental. On les appelle *méridiens*, parce qu'il est midi ou minuit en même temps pour tous les pays qui sont situés sur le même méridien.

416. Les méridiens et les parallèles sont tracés ordinairement de 10 en 10 ou de 15 en 15 degrés sur les globes ; sur les cartes ils sont tracés de 5 en 5 ou de 2 en 2, et même à 1 degré d'intervalle ; le premier méridien est numéroté 0.

417. Latitude. La latitude d'un lieu est la distance en degrés de ce lieu à l'équateur ; elle est *boréale* si elle se compte de l'équateur au pôle nord, la *latitude est australe* si elle se compte de l'équateur au pôle sud.

418. La Longitude d'un lieu est la distance en degrés de ce lieu au premier méridien ; la longitude est

orientale pour les degrés à l'orient, et occidentale pour les degrés à l'occident. Le mot *longitude* vient de ce que les anciens croyaient la Terre beaucoup plus longue de l'est à l'ouest que du nord au sud.

Mouvement diurne.

419. La Terre fait tous les jours un tour sur elle-même, d'occident en orient ; ce mouvement produit le jour et la nuit; c'est pourquoi le Soleil, la Lune et les étoiles semblent chaque jour se lever à l'orient et se coucher à l'occident.

420. Il semble à la vue que la Terre est immobile, et nous croyons voir tous les astres tourner autour de nous, comme lorsqu'étant placés dans une voiture qui s'avance rapidement nous croyons voir fuir les objets en sens contraire de la voiture.

421. Si la Terre ne tournait pas sur elle-même, il faudrait que le Soleil et toutes les étoiles qui sont à des milliards de lieues et de myriamètres de la Terre parcourussent tous les jours des circonférences dont la longueur serait incalculable.

Différences d'heures pour les différentes longitudes.

422. La Terre, en tournant chaque jour sur elle-même, présente successivement au Soleil, en vingt-quatre heures, toutes les parties de sa surface, ou les 360 degrés de l'équateur, c'est-à-dire 15 degrés dans une heure et 1 degré dans quatre minutes ; d'où il résulte que, lorsqu'il est midi à Paris, il est une heure de moins par chaque 15 degrés pour les pays à l'occident, et une heure de plus par chaque 15 degrés pour les pays situés à l'orient du premier méridien. C'est ce qui produit les différences d'heures pour les différentes longitudes.

Mouvement de révolution annuel

423. La Terre fait sa révolution autour du Soleil en

365 jours 5 heures 48 minutes et 51 secondes ; ce temps s'appelle *année*.

424. On compte l'année de 365 jours, mais tous les quatre ans l'année a 366 jours, alors elle s'appelle *bissextile*, et le mois de février a 29 jours au lieu de 28. Toutes les années divisibles exactement par 4, comme 1848, 1852, 1856, 1860, 1864, etc., sont bissextiles.

425. L'ORBITE de la Terre, appelée aussi *écliptique*, est une ellipse dont le Soleil n'occupe pas le centre ; le point où la Terre est le plus près du Soleil se nomme *périhélie*, et le point où elle est le plus éloignée *aphélie* ; la différence est de 500,000 myriamètres.

Causes des saisons, et de l'inégalité des jours et des nuits.

426. L'axe de la Terre n'est pas perpendiculaire au plan de l'écliptique, il est incliné de 23 degrés et demi, mais toujours tourné vers le même point du ciel ; d'où il résulte que, dans sa révolution annuelle, la Terre présente successivement ses deux pôles au Soleil. Cette inclinaison et le mouvement annuel produisent la différence des saisons, et l'inégalité des jours et des nuits.

427. L'époque des plus longs jours et des plus grandes chaleurs a lieu, pour nous, au *solstice d'été*, 21 juin ; celle des plus longues nuits et des plus grands froids au *solstice d'hiver*, 22 décembre. Les jours sont égaux aux nuits à l'*équinoxe du printemps*, 21 mars, et à l'*équinoxe d'automne*, 23 septembre.

428. L'époque des longs jours est celle de l'été, car alors le Soleil, restant plus longtemps sur l'horizon, échauffe davantage la terre ; ses rayons d'ailleurs tombent plus directement sur la surface de la terre.

429. L'époque des longues nuits est, au contraire, celle de l'hiver ; car alors la Terre se refroidit, ne re-

cevant que peu de temps les rayons du Soleil, et les recevant d'ailleurs plus obliquement.

430. Enfin l'époque où les jours sont égaux aux nuits est celle du printemps et de l'automne, parce qu'alors la terre reçoit également les influences de la présence et de l'absence du Soleil.

Lune.

431. La Lune est le satellite de la terre; c'est un corps rond, opaque, quarante-neuf fois plus petit que la terre, dont le diamètre est environ le quart de celui de la terre. La lune tourne autour de la terre en 29 jours et demi; sa distance de la terre est de 40,000 myriamètres.

432. La lune n'est brillante que par les rayons du Soleil qu'elle reflète ; nous ne pouvons donc apercevoir que la partie éclairée par le Soleil ; c'est pourquoi nous la voyons tantôt sous la forme d'un croissant, d'un demi-cercle ou d'un cercle ; ce sont ces changements qu'on appelle les *phases de la lune.*

Phases de la Lune.

433. PHASES. Lorsque la lune se trouve entre le Soleil et la terre, nous ne pouvons voir la lune, parce que la partie qu'elle nous présente est dans l'ombre : c'est la *nouvelle lune.*

434. Mais la lune, en décrivant son cercle autour de la terre, montre successivement sa partie éclairée, d'abord sous la forme d'un croissant et ensuite d'un demi-cercle au bout de 7 jours : c'est le *premier quartier.*

435. Le quatorzième jour la lune présente toute la partie éclairée, sous la forme d'un cercle, c'est la *pleine lune* ou l'*opposition.*

436. Sept jours après, la lune ne présente plus que

la forme d'un demi-cercle : c'est le *dernier quartier.*

437. Enfin elle disparaît entièrement au bout de 29 jours et demi , lorsqu'elle se trouve de nouveau entre le soleil et la terre, ou en *conjonction.*

Éclipses.

438. ÉCLIPSES. Il y a éclipse quand le soleil ou la lune nous sont cachés en totalité ou en partie par l'interposition de la lune ou de la terre.

439. Il y a *éclipse de soleil* toutes les fois que la lune passe entre cet astre et la terre ; il y a *éclipse de lune* lorsque la terre, passant entre le soleil et la lune, la couvre de son ombre.

440. Il semble que, chaque mois, il devrait y avoir une éclipse de soleil au moment de la nouvelle lune, et une éclipse de lune à chaque pleine lune, si le cercle que la lune décrit autour de la terre était dans le même plan que celui que la terre décrit autour du soleil ; mais comme l'un est incliné par rapport à l'autre et le coupe en deux points appelés *nœuds,* la rencontre qui cause les éclipses n'arrive qu'à des époques éloignées, quand la lune se trouve à l'un de ces nœuds au moment de l'opposition ou au moment de la conjonction.

Étoiles.

341. ETOILES FIXES. Les étoiles fixes sont des astres lumineux qui conservent toujours entre eux la même distance : les étoiles les plus rapprochées de la terre sont au moins cent mille fois plus éloignées que le soleil. Le nombre des étoiles est infini ; à la vue simple on en compte quatre mille, avec l'aide des instruments on en compte des millions. La lumière des étoiles les plus rapprochées met au moins trois ans pour nous parvenir, avec une vitesse de 30,000 myriamètres par seconde.

442. Les Constellations sont des groupes d'étoiles ; les plus remarquables sont la *Grande-Ourse*, et la *Petite-Ourse* formée de 7 étoiles parmi lesquelles se trouve l'*Étoile polaire*, qui est placée dans le prolongement de l'axe de la terre et autour de laquelle les autres étoiles semblent tourner.

443. Les Nébuleuses sont de petits nuages blanchâtres formés par des amas d'étoiles ; l'assemblage d'un grand nombre de nébuleuses forme la *voie lactée*, large bande blanchâtre qui traverse le ciel du sud au nord.

Zodiaque.

444. Zodiaque. On appelle zodiaque les étoiles qui se trouvent sur la route apparente que le soleil semble parcourir en un an ; on les divise en douze constellations appelées les *douze signes du zodiaque*, ou *maisons du soleil*, qui correspondent aux douze mois, savoir :

445. Le *Bélier* correspond à mars, le *Taureau* à avril, les *Gémeaux* à mai, pour le printemps ; le *Cancer* ou l'*Écrevisse* à juin, le *Lion* à juillet, la *Vierge* à août, pour l'été ; la *Balance* à septembre, le *Scorpion* à octobre, le *Sagittaire* à novembre, pour l'automne ; le *Capricorne* à décembre, le *Verseau* à janvier, les *Poissons* à février pour l'hiver.

Sphère Armillaire.

446. La Sphère armillaire sert à expliquer et à étudier le mouvement apparent des corps célestes ; elle se compose au milieu d'une boule qui représente la terre et dont l'axe prolongé vient aboutir à deux points appelés les *pôles du monde*, et de cercles dont les principaux sont : l'*équateur*, l'*écliptique* ou le *zodiaque*, l'*horizon*, le *méridien*, les *tropiques* et les *cercles polaires*.

447. La Rose des vents indique les quatre points

cardinaux *Nord*, *Sud*, *Est* et *Ouest*, puis les points inter-
médiaires *nord-est*, *nord-ouest*, *sud-est*, *sud-ouest*, et
enfin, *nord-nord-est*, *nord-nord-ouest*, etc. Au milieu,
se place la BOUSSOLE, aiguille aimantée, qui est cons-
tamment tournée vers le nord, et qui sert à diriger les
navires en pleine mer.

FIN.

Paris.—Imprimerie MORRIS et Comp., rue Amelot, 64.